正面管教实践录

高效父母的十个核心技能

肖友松 著

正面管教家长/
学校双讲师

中国轻工业出版社

图书在版编目（CIP）数据

正面管教实践录：高效父母的十个核心技能 / 肖友松著. —北京：中国轻工业出版社，2021.10

ISBN 978-7-5184-3488-6

Ⅰ.①正… Ⅱ.①肖… Ⅲ.①亲子关系-家庭教育 Ⅳ.① G78

中国版本图书馆 CIP 数据核字（2021）第 076318 号

责任编辑：由　蕾　　责任终审：劳国强　　整体设计：锋尚设计
策划编辑：由　蕾　　责任校对：宋绿叶　　责任监印：张京华

出版发行：中国轻工业出版社（北京东长安街6号，邮编：100740）
印　　刷：艺堂印刷（天津）有限公司
经　　销：各地新华书店
版　　次：2021年10月第1版第1次印刷
开　　本：710×1000　1/16　印张：13.5
字　　数：180千字
书　　号：ISBN 978-7-5184-3488-6　定价：42.80元

邮购电话：010-65241695
发行电话：010-85119835　传真：85113293
网　　址：http://www.chlip.com.cn
Email：club@chlip.com.cn
如发现图书残缺请与我社邮购联系调换

200779Y1X101ZBW

自序

首先，我想说感谢！

就像正面管教里的家庭会议或班会那样，第一项通常是致谢。

因为正面管教，我不但在养育孩子的路上少走了很多弯路，而且在个人成长方面也取得了突破。

在接触正面管教之前，我压根没有想到我的职业生涯中还有讲师这个角色。我一直都是一个不爱说话的人，更不敢当众发言，站到一群人面前，我会紧张得全身冒汗。讲师这个职业绝对不适合我。然而，这个世界上好像没那么多绝对的事情。

后来，我遇到了正面管教，我的绝对被打破了。

决定去学习的时候，我也没想着做讲师。就是想学更多的育儿知识，也想给自己增加一点资历。

可当学完之后，一切都不一样了。拿到讲师资格之后的第一个月，我就去跟朋友们分享了。没地方，没人，都没关系，我在朋友家的客厅里做分享，来听的都是平时一起带娃的伙伴们。

就是觉得正面管教真的太好了，一定要分享给更多的人。

后来，我去豆宝（我女儿的昵称，本书中有很多关于她的故事）的幼儿园做分享，去朋友的教育培训机构做分享；再后来，我遇到更多的同行者，也遇到了更多的合作者。

直到今天，我用文字的方式跟大家分享我的正面管教之路。在这个过程中，我非常开心，也很有成就感，因为它不但能让我一边带娃一边做事，还能帮助到其他人。所以，我内心对此充满感激。特别地想说谢谢！

感谢正面管教的创始人简·尼尔森和琳·洛特，把这么好的教育体系带给我们！让我在养育孩子的路上走得轻松自在。

更感谢阿德勒和德雷克斯两位老先生，他们用毕生的心血造福了人类，为多少家长和孩子带去了福音啊！

同时，感谢我的正面管教导师和同行们，让我与你们一起走得更远！

还有一个人，值得我说更多的感谢。那就是我的女儿。因为有了她，我的人生完全不一样了。

学习正面管教之前，我是一位普通的奶爸；学习了正面管教之后，我觉得我变成了一位"超级奶爸"。

这本书，是我目前最多最好的一个分享。期待能与更多的父母们同修，一起轻松应对育儿日常。

在这本书里，有我在日常生活中对正面管教的应用，也有我作为一位正面管教讲师在家长课堂上遇到的故事。

每一次实践和应用中，每一个故事和案例里，都有正面管教的理念和方法。我期待每一个读者，都能从这些理念和方法里拿到对自己有用的部分，用在教育孩子和自我成长上。我用我的践行，分享正面管教的核心理念和我个人对这些理念的解读。感觉特别的荣幸！

在近半年的时间里，我每天都在写，几易其稿，希望它能够更完善、更实用、更易读一些。囿于我个人能力有限，书中可能还有诸多不够理想的地方，期待与读者一起，来践行"错误是学习的好机会"。

期待与更多的年轻父母，一起用正面管教的方式来对待孩子，做不焦虑、不吼不急、和善而坚定的家长，培养内心有力量、胸中有情怀的孩子。

肖友松　于武汉

2021.6.16

目录

核心技能 1 打下最坚实的基础：
如何让孩子感受到父母满满的爱？

3 说舒服的话，孩子感觉好，才能做得好

8 鼓励像维生素，必不可少；表扬像糖，少吃为妙

13 中国父母不会好好听话更让人抓狂

19 非语言表达，春风化雨

核心技能 2 让孩子自律自主：
如何培养一个自律的孩子？

27 从1岁开始，培养自我意识和自我认知

33 注重细小步骤，孩子才能学得快，学得好

37　花时间训练，静等花开
41　建立日常惯例表，养成自我管理的习惯

核心技能 3　打造高情商的心理基础：
如何应对孩子的负面情绪？

49　踢猫效应和镜像神经元
53　对孩子的感受表达认可
57　对孩子给予积极关注
61　教孩子学会识别和表达情绪
65　向孩子表达自己的情绪

核心技能 4　激发孩子内驱力：
如何让孩子积极主动地去学习？

71　孩子不爱学习的原因
76　激发孩子的内驱力
81　先关注孩子，再关注成绩
86　优势教养法，应试体制下的补药

核心技能 5　做不发火的家长：孩子惹我发火了怎么办？

- 93　了解大脑工作机制，有意识地合上大脑盖子
- 98　积极暂停，隔离降火法
- 103　愤怒选择轮，找一个情绪出口
- 107　私人逻辑：找到你的情绪内核

核心技能 6　修复受损的亲子关系：忍不住吼了、打了孩子怎么办？

- 113　修复错误的四个步骤
- 117　纠正之前先联结
- 121　特别时光：为情感账户存款
- 126　爱之杯：更好地爱自己，才能更好地爱孩子

核心技能 7　消除拖拉磨蹭：如何应对孩子的拖拉磨蹭？

- 131　用有趣的话语来引导孩子进入睡前的准备工作
- 135　和善而坚定地帮助孩子
- 140　培养孩子对时间的认识和管理
- 144　写作业拖拉的四个错误目的

核心技能 8　优秀父母都和善而坚定：
如何做一个不焦虑、有办法的家长？

- 151　你期待孩子将来成为一个什么样的人
- 156　我们今天对孩子的教育，是否影响到20年后
- 160　错误是学习的好机会
- 164　关注解决办法，而非问题

核心技能 9　让孩子有思想有主见：
如何培养能力感强的孩子？

- 171　你被割过多少次"韭菜"，交过几次"智商税"
- 175　多对孩子进行启发式提问，把问题抛给孩子
- 179　和孩子一起做，放下家长的权威
- 183　培养孩子的能力感，让孩子更自信

核心技能 10　培养强大的抗挫能力：
如何培养抗挫能力强的孩子？

- 189　频发的青少年极端事件
- 192　无条件的爱？可能只是你的错觉
- 197　自由跟规则必须同时出现
- 202　不转嫁焦虑和压力
- 206　不用刻意锻炼

核心技能 1

打下最坚实的基础：
如何让孩子感受到父母满满的爱？

要确保把爱的信息传递给孩子。

——阿德勒

可能有些人会觉得奇怪，怎么开篇就是这个，这有什么好讲的，我们那么爱孩子，孩子难道还感受不到吗？我恨不得把心掏出来给他。

是的，没错，我们恨不得把所有的好东西都给到我们宝贝的孩子们。然而，遗憾的是，如果我们没有正确表达我们的这份爱和关心，孩子们是不能体会到父母满满的爱的。

2020年，新冠肺炎疫情席卷全球，人们受到了各方面的打击，所以心理问题也随之而来。尤其是青少年的心理问题特别突出，各种极端事件层出不穷。

除了新闻报道中那些让人害怕的事实，还有更多的没被报道的问题存在于很多家庭中。我的几位心理咨询师朋友都说，青少年和家庭咨询比往年多了好几倍。

关在家里几个月的小"神兽"们，自己很不开心，同时爸爸妈妈们也很崩溃。

可以说，问题集中爆发了。

虽然可能是特殊原因造成了目前的局面。但在这些问题中，我们会发现亲子之间根本没法相互理解，孩子感受不到父母的拳拳之心。

我们以为的一些做法是爱孩子，在孩子看来可能却是最大的伤害。

特别是在提倡感恩的中国传统文化中，有时候孩子的表现会让我们很失望。比如我们会说孩子白眼狼，会说孩子不孝顺，会说我白养你了。

为什么会这样呢？因为我们在表达对孩子的爱时，方式错了。

孩子接收不到你的爱，你说什么都是白费力气。

说舒服的话，孩子感觉好，才能做得好

> 孩子感觉好，才能做得好。
>
> ——简·尼尔森

假如有一天是发薪日，这天你下班回家，你的妈妈（或者爸爸，或者爱人）跟你说了这样一句话：

你怎么才挣这点钱啊，你表哥一个月工资是你的两倍。

当你听到这句话的时候，你有什么感受、想法？然后你会怎么去做呢？那假如他们这样说呢：

> 哇，发钱了啊！真好！赶紧好好休息一下吧，咱们今天吃点好吃的。上班挺辛苦的吧？我看你每天都好忙。

当你听到这句话的时候，你有什么感受、想法？又会去做些什么呢？哪句话能让你感受到对方是爱你的？让你感觉更好？

说第一句话的人不爱我们吗？也爱，他们希望我们挣钱更多，生活更好。但我们能不能感受到他们的爱？不能。

如果把类似的两句话用到我们自己的孩子身上呢？

我们说"才考了这点分，隔壁的小明双百"和"宝贝，这次考试很紧张吧，周末我带你去游乐园，好好休息一下"，哪一句更能让孩子懂得我们是爱他的呢？

不言而喻。

可能有人会反驳：我觉得爸妈批评我、敲打我，能让我变得更好啊，是爱我啊！

或许你是对的，但爸妈批评你时，拿你跟别人比较时，你舒服吗？你开心吗？爱是让人喜悦、让人愉快，给人力量、赐人美好的，如果爱是让人不爽、不服，觉得深受打击，恐怕没人想得到爱了。

我们能感受到的爱，那才是爱；感受不到的爱，不是爱，甚至是害。

所以，让孩子感受到父母满满的爱，是我们身为父母必须重视的，因为这是一切的基础。不管我们是想让孩子学习好，还是想让孩子懂得感恩，成为一个成功的人，我们首先要让孩子感受到，我们是爱他的。不论他做了什么，是什么样的人，我们都爱他。

核心技能 1　打下最坚实的基础：如何让孩子感受到父母满满的爱？

正面管教的创始人简·尼尔森博士说："孩子感觉好，才能做得好。"如果我们让孩子感觉很不好，孩子是做不好的。

当我们的方式错了，孩子感受不到父母的爱，必将会产生对抗、叛逆、倔强、不听话，等等，孩子更是不会对父母表达爱，甚至不会对别人表达爱。

那么问题来了，什么是正确的表达方式呢？

首先，我们要学会说让孩子感觉舒服的话。

什么是舒服的话呢？可能就不用我多说了。我们每个人都知道或者能感受到哪些话好听，哪些不好听。有时我们说出不好听的话，并不是不知道它们不好听，甚至有时是由于气恼故意去说的。在分辨好赖方面，我们是天生具有这个能力的。

比如，肯定的、赞赏的、夸奖的、鼓励的、被理解的，等等，都是好听的话。否定的、贬损的、打击的、不屑一顾的，都是不好听的。

我们来看一个小故事：

之前，我家6岁的豆宝，开始学着自己扎辫子。当然，刚开始肯定是扎不好的，头发不但搞得很乱，辫子扎得也歪歪斜斜、松松垮垮。

我看到她辛苦地完成这项并不完美的工作，说："哇，你都学会自己扎辫子了呢！果然是长大了，能力越来越强了。看这辫子已经扎得有模有样了，学会怎么绾皮筋了。"

豆宝同学很开心，满脸自豪。

而作为女性的豆妈，看到豆宝这一头凌乱，有点不好接受。她说："来，我告诉你皮筋怎么绾，拿梳子再把头发梳一下，不能那么乱。"

豆宝一下子就不开心了，也不愿意按妈妈说的做。

豆妈想让孩子做得更好的心，没有带来好的结果。

那假如豆妈先说我说的那些话，然后再做引导，是不是更好呢？孩子是不是就很乐意配合了？当然是的。

很多时候，就是因为我们说了让孩子不舒服的话，才导致了孩子不乐意、不配合。

我还听一位老师讲了一个案例：

有一位一年级的小女孩，不喜欢数学，不愿意写作业，甚至厌学。她妈妈很着急，就去请教这位老师，老师跟小女孩聊了聊。原来，妈妈着急，就要让孩子按她的要求来安排作业时间。

孩子放学后不想先写作业，妈妈说："你看别人都是放学就回家写作业，哪有先玩的。"

而这位老师怎么说呢？老师说："你不想一回家就写作业，你想什么时候写呢？"

小女孩说想玩一会儿再写。老师说："玩几分钟写呢？你写多久想休息一下，然后接着写？"

然后孩子在老师的引导下，竟然自己制作了一个写作业时间表。

老师看了说："天啊，你太会安排自己的时间了！你看，还劳逸结合，好棒啊！"

就这样，孩子的学习问题解决了一大半。

老师做什么了吗？并没有。只是一些好听的语言引导，孩子的积极性就能被调动起来。

好的语言有魔力,令孩子能力提升。

坏的语言有魔性,让孩子误入歧途。

多说那些让孩子感觉舒服的话,孩子的积极主动性就能提高很多。想让孩子从对着干到配合着来,那就多说好听的话吧。

你的爱,只有在好听的语言当中,才能如春风拂面般地传达给孩子,才能抵达孩子的内心,给予孩子温暖和踏实。

鼓励像维生素，必不可少；
表扬像糖，少吃为妙

> 孩子需要鼓励，就像植物需要水。
>
> ——德雷克斯

在上一节，我们讲到要说好听的话、让孩子感觉舒服的话。而好听的话中，也分为很多类型。有的"养分"高，而有的"糖分"太高。其中有一种话是一定要多说的。那就是鼓励的语言。

为什么一定要多说？咱们先不讲理论，先来体验一下。

下面有两组语言，这两组语言意思其实都差不多，但是效果听起来非常不一样。

现在，请你转换一下身份，把自己放在一个孩子的位置，或者说想象自己此时此刻是一个孩子；你可以把自己想象成自家的孩子，也可以是邻居家的孩子、朋友家的孩子，都可以。只要能以一个孩子的身份去仔细体会这些话就行。

咱们先来看第一组：

- 这次考得不错，你会得到一个很大的奖励！
- 你这么听话让我很高兴。
- 你真是一个好孩子。

当你听到爸爸妈妈说这些话，作为一个孩子，你内心是什么感受、有什么样的想法呢？决定是什么呢？

下面咱们再来看第二组：

- 我看到你这次考得不错，这是你最近努力的结果，祝贺你！
- 不管怎样，我都爱你。
- 你一定会为自己而感到骄傲。

当你听到爸爸妈妈这样说，你又有什么样的感受、想法和决定？

以上这个小体验，是我们在正面管教家长课堂上经常做的一个活动，它还有高级一点的版本。

虽然这些话看上去都还不错，但听起来感觉是不一样的。第一组听上去会感到很开心（有极个别的人也会说没感觉），但开心完了就没了，可能我们还会有点压力。第二组，听上去也很开心，但是开心后我们还能感受到有一股力量，这种力量让我们想变得更好，并且不管我们目前怎么样，都能从中获得动力。

在活动中，我们把这些语言印到小卡片上，随机发给"孩子们"（家长扮演的角色）。拿到第二组语言的孩子，是不愿意跟第一组交换的。而拿到第一组语言的孩子，都愿意跟第二组交换。

也就是说，孩子们都愿意听父母说第二组语言。

第一组语言，我们称之为表扬；第二组语言，我们称之为鼓励。

经过成百上千场的体验，我们会发现，每个孩子都期待父母经常说鼓励的语言，基本没有例外。

鼓励的话到底有多重要多厉害，对孩子的影响有多大？这里有一个非常著名的心理学实验，可能让我们惊讶不已。

斯坦福大学教授卡罗尔·德韦克博士，为了研究鼓励和表扬的区别，带领研究组在一所小学里做了一个实验：

> 首先，让孩子们独立完成一系列智力拼图任务。
>
> 研究人员每次只从教室里叫出一个孩子，进行第一轮测试。测试题目是非常简单的智力拼图，几乎所有孩子都能相当出色地完成任务。
>
> 每个孩子完成测试后，研究人员会把结果告诉他，并跟他说一句鼓励或表扬的话。
>
> 研究人员随机地把孩子们分成两组，一组孩子得到的是一句关于智商的夸奖，即表扬，比如，"你在拼图方面很有天

分，你很聪明。"另外一组孩子得到是一句关于努力的夸奖，即鼓励，比如，"你刚才一定非常努力，所以表现得很出色。"

为什么只说一句夸奖的话呢？德韦克教授解释说："我们想看看孩子对表扬或鼓励有多敏感。我当时有一种直觉：一句夸奖的话足以看到效果。"

随后，孩子们参加第二轮拼图测试。这一轮，有两种不同难度的测试可选，他们可以自由选择参加哪一种测试。一种较难，但会在测试过程中学到新知识。另一种是和上一轮类似的简单测试。

结果发现，那些被表扬聪明的孩子，大部分选择了简单的任务。而那些在第一轮被鼓励努力的孩子中，有90%选择了难度较大的任务。

为什么会这样呢？德韦克教授在研究报告中写道："当我们夸孩子聪明时，等于是在告诉他们，为了保持聪明，不要冒可能犯错的风险。"

这也就是实验中"聪明"孩子的所作所为：为了保持看起来聪明，而躲避犯错的风险。

第三轮，所有孩子参加同一种测试，没有选择。这次测试很难，是初一水平的考题。孩子们都失败了。但是，先前得到不同夸奖的孩子们，对失败产生了差异巨大的反应。

那些先前被表扬聪明的孩子，对自己的天赋产生了自我怀疑。而被鼓励努力的孩子，认为失败是因为他们不够努力。

接下来，他们给孩子们做了第四轮测试，这次的题目和第一轮一样简单。而那些被表扬聪明的孩子，这次的得分和第一次相比，退步了大约20%。那些被鼓励努力的孩子，在这次测试中的分数比第一次提高了30%左右。

在后面对孩子们的追踪访谈中，德韦克教授发现，那些认为天赋是成功关键的孩子，不自觉地看轻努力的重要性。这些孩子会这样推理：我很聪明，所以，我不用那么用功。他们甚至认为，努力很愚蠢，等于向大家承认自己不够聪明。

这个实验重复了很多次，每次的结果都差不多。德韦克教授发现，无论孩子有怎样的家庭背景，都受不了被表扬聪明后遭受挫折的失败感。男孩女孩都一样，尤其是成绩好的女孩，遭受的打击程度最大。甚至学龄前儿童也一样，这样的表扬都会害了他们。

看到了吧，鼓励和表扬差别就是这么大！

那表扬的话不能说吗？也不是。什么事情都不是绝对的，表扬就像糖果，偶尔吃一下不会有害；而鼓励就像我们生命中必不可少的维生素，能带给我们营养。

德雷克斯说："孩子需要鼓励，就像植物需要水。"

是的，没有水，植物会枯萎；没有鼓励，孩子会缺乏内在的动力。

鼓励的语言，能让我们的爱缓缓流入孩子的内心，给孩子面对困难的勇气。

中国父母不会好好听话更让人抓狂

> 记住，在孩子们感到你的倾听之后，他们才更可能听你的。
>
> ——简·尼尔森

我曾经看过一篇文章，里面讲述了一件事：

在一个真人秀综艺节目里，某个中年男嘉宾吐槽他的妈妈，说妈妈从来不会听他说什么，几十年来一直都是讲道理、唠叨，让他感觉人生很不幸福。他很期待妈妈能好好听听他的想法。

但是，对面的妈妈说："都是过去了的事情了，你说这些干什么？不能说点让人开心的话吗？"

听到妈妈这么说，男嘉宾只好闭嘴不言，无法再沟通下去了。

他本来就是想上节目解决问题的，看来希望渺茫。

这里我会注意到，男嘉宾是一位中年人。也就是说，人到中年，他都不能摆脱妈妈从小给他带来的心理伤害，不能释怀。他的人生，已经被不会听他说话的妈妈影响了半辈子了。

后来我就网上搜索了一下相关话题，发现这根本不是个例，而是一种普遍现象。有很多人在吐槽父母压根不听他们讲话，只会讲大道理，逼着自己去做父母认为正确的事情，家庭中沟通非常困难。

有人还总结了一句话：比起不会好好说话，中国父母不会好好听话更让人抓狂。

生活中我们也会发现，不会倾听，不会回应，是很多做家长的通病。

有一次，我带豆宝出去吃饭，邻桌是一家三口，我看那个小女孩跟我们家豆宝差不多大，五六岁的样子。不一会儿，就听到那个小女孩大声跟她妈妈说："妈妈！你有没听见我说什么？我说大人不能说话不算数！"

我们扭头看了一下，小女孩很生气的样子，但妈妈头也不抬地吃着。小女孩看到妈妈没搭理她，又大声地喊了一声："妈妈！"

妈妈这回说话了："你嚷什么嚷，好好吃饭！"

小女孩没有吃饭，而是气鼓鼓地坐着，瞪着妈妈。

虽然说吃饭的时候不宜多说话，但孩子的状态已经很生气了，妈妈完全可以暂停一下，听听孩子想表达什么，为什么说大人不能说话不算数。一次顺畅的沟通，要比机械地吃一顿饭重要得多。

这样的小事情，可以说比比皆是。比如：

放学路上，男孩跟妈妈说："妈妈，我想买一个奥特曼。"妈妈说：

"买什么买，作业做完了吗？"

妈妈根本不关注孩子为什么要买一个玩具，她只关注孩子的作业。

我甚至听到有家长说："哪有那么多时间跟孩子扯，忙都忙死了，还是简单粗暴更有效。"

但是，真的有效吗？可能会在极短的一段时间里有点作用，一定不会长期有效的。不然也不会有很多家长抱怨孩子不听话了。

说到这里，我又想起来一件小事：

有一次我跟两位朋友一起吃饭，其中有一位是我家亲戚。那天他们都带了孩子，两个9岁的小女孩。这两个小女孩从小就一起玩，但上了小学就分开了，偶尔才能见一面。这一次见面也是隔了很久了，两个孩子非常开心。吃完饭，其中一位女孩要去上舞蹈课，另一位女孩想跟着一起去。但两位妈妈都不同意，因为上舞蹈课的这个小女孩再有两天就考试了，不能被打扰，妈妈说让她专心上课。

这位女孩说："求求你了妈妈，让她跟我一起去吧，我有办法说服老师。"

妈妈说："不行，等你考试完再说。"

女孩仍然继续争辩，缠着妈妈同意。后来不了了之，还是妈妈说了算。

这位妈妈跟我说："现在的孩子真不听话，很难管，我有时候就拿个棍子吓唬她。"

我笑着问她："是不是棍子也没用？"她答，是的。

不用猜也知道，肯定没用。从她们母女俩的谈话也能看出，她们的沟通是无效的。

其实，孩子为什么不听话？有一个很大的原因，那就是家长"不听话"。不听孩子解释，不听孩子争辩，不听孩子"胡言乱语"，不懂孩子话后的意思，更不懂了解孩子语言背后的需求。

正面管教强调教育要长期有效。

我们在跟孩子的沟通上，要想达到长期有效，有一项能力非常重要，那就是倾听。

父母会"听话"，孩子才听话。那怎么听呢？无外乎以下几点。

1. 态度要诚恳

在听孩子说话的时候，眼睛要看着孩子，表示你在认真听。这不仅能让你听到孩子更多的心里话，也能鼓励孩子说更多话，锻炼表达能力。

很多表达能力强、很自信的孩子，背后都有一个会"听话"的家长。孩子被倾听，就会感受到自己的话有价值，自己被重视。阿德勒说，人生来就在寻求价值感和归属感。而倾听，能很好地满足孩子对价值感的基本需求。这当然就能促进自信心。

2. 听背后的需求

孩子语言背后的心理需求是我们需要关注的重点，不能光表面上听孩子说了什么。比如，在我们上面的例子中，孩子背后的心理需求都没被重视，也没被听到。也许她是想向好朋友展示一下自己的舞蹈。孩子想要一个奥特曼的心理需求是什么？家里有很多了，他为什么还要一个？孩子说自己能说服老师，她内心的需求是什么？什么对她来说最重要？这些都是需要我们重点关注的。

心理学上有一个著名的理论，叫冰山理论。这个理论说，我们能看到的行为，就像海上的冰山中露出海平面的那部分，而这一部分是非常非常少的，只占冰山的七分之一，更多的是我们看不见的藏在海平面以下的部分，包括希望、需求、信念、价值感，等等。

孩子的语言和行为就是我们看到的那极少的一部分，孩子心理的更多部分，藏在语言和行为背后。

所以，倾听孩子，尤其是听话外音、背后的需求非常重要。只有我们听出孩子的语言背后的心理需求，才能从根本上解决问题。

3. 不打断，不评判

我们会发现，很多孩子到了青春期，就不再跟父母交流了，回来就把房门关上。虽然这里有青春期孩子的特殊性在起作用，更多的是父母不会听孩子说话。比如孩子讲了一件不太好的事情，父母立即就打断、评判，然后讲一堆大道理，生怕孩子学坏变坏了。

而对小一些的孩子，父母会表现出嘲笑、讥讽等不友好的行为。比如孩子说长大了想当科学家，家长问都不问地说："就你还当科学家呢，你考试排名第几啊？"

对更小的一些孩子，父母压根不在意他们的话，认为他们不可能有思想，随便应付。比如孩子说："我能吃下10个包子。"父母立即接话："你就吹牛吧，在那瞎说。"

所有这些不懂得倾听的行为，都会导致跟孩子沟通不顺，孩子越大越不顺。

孩子在表达自己的想法的时候，我们一定要安静地听完，不管孩子年龄多大，都不能随便打断、评判，不要着急把自己的想法灌输给孩子。

这里，我只是简单地给出几点注意事项，更多倾听的技巧，还需要我们多去学习，多在跟孩子相处的过程中实践。

正面管教的理念和方法，不能只存在于概念和头脑层面，要去多用，用了才有用。

非语言表达，春风化雨

> 试试抱一抱。
>
> ——简·尼尔森

我常常会听到家长对孩子说这些话：

"你没长耳朵吗？"

"给你说过多少遍了？怎么就是不听呢？"

"你耳朵哪里去了，你听见没？"

……

这些话是不是你也对孩子说过？有一些着急上火的家长，说着说着就上手了，揪起孩子的耳朵恨不得拧上几圈。

我们可以看出，很多时候，语言对孩子是没有用的，尤其是唠叨。

常常是妈妈说得口干舌燥，孩子纹丝不动，让人很抓狂。

所以，在跟孩子沟通的过程中，在给孩子传达、表示我们的爱和关心时，可以少说一点，多用一些非语言表达的方式。

非语言表达，简单来说，就是不用说话，彼此就心领神会了，就能达到沟通的目的。

比如我们用微笑表示赞许、欢迎、友善，等等；所谓此时无声胜有声，千言万语化作一个神情，就能解决很多问题。

跟孩子进行非语言沟通，主要包括眼神交流、拥抱、拍肩、握手等。

在这里我重点说一下拥抱。

中国人不擅长拥抱，就像不擅长说"我爱你"一样。

孩子小的时候，我们抱在怀里会自然而然，一旦孩子到了七八岁，我们抱得就少了，有时会感到不自在。然而，拥抱是我们向孩子表达爱的一种非常直接有效的方式。

两个人拥抱的时候，情绪会通过身体接触直接传达给对方。

尤其是小孩子，在他有负面情绪的时候，给他一个拥抱胜过千言万语。哪怕在孩子哭闹不止的时候，如果这个时候你跟他说，我需要一个拥抱，孩子都会过来抱抱你。当你们抱在一起的时候，你会发现，两个人的情绪都得到了缓解。

简·尼尔森博士曾讲过这么一个故事：

有一个四岁男孩的爸爸，因为孩子经常发脾气、哭闹，他向专家寻求帮助。专家建议他向孩子请求一个拥抱，这位爸爸问："这难道不是在奖励他的哭闹行为吗？"

专家向这个爸爸保证不会，于是他同意回去试一试。一个星期之后，爸爸向大家讲述了孩子又发脾气时发生的一切：

爸爸说："我需要一个拥抱。"

儿子试图克制住抽泣，说："什么？"

爸爸说："我需要一个拥抱。"

儿子一边抽泣，一边难以置信地问："现在吗？"

爸爸说："现在。"

儿子不情愿地说："好吧。"然后僵硬地给了爸爸一个拥抱。

过了一会儿，他在爸爸怀抱里软化下来，爸爸说："谢谢，我需要这个拥抱。"

儿子还在轻微地抽泣，他说："我也需要。"

通过爸爸的拥抱，小男孩能感受到他与生俱来的渴望、贡献、联结的能力。

你看，就是这么神奇。拥抱的力量非常大！

提醒一下，是"我需要一个拥抱"，千万别说错了。下次有机会的话，你不妨试试。

当孩子有极其强烈的情绪时，我会建议父母先闭嘴，不解释、不教育，就是静静地抱一会儿孩子，去尝试体会他的难过和伤心。

搂着小小的人儿，让他们在我们怀里、肩上哭一会儿，不是表面的接纳，而是深深地理解孩子，理解这种正常人遇到失败时都会有的沮丧。

我们每个人几乎都有这样沮丧而不被理解的时刻，都会有自己的负面情绪被别人认为矫情，而不得不隐藏的时刻。

有时候，搂着一个有强烈负面情绪的小朋友，允许他们痛哭、发泄，其实也是在和曾经不被理解的自己做一个和解——即使我有时候显得好胜心强，显得很敏感，我也一样是值得被爱的。即使我输了，不是所谓世界上最好的，我也是值得被爱的。

我经常会用到拥抱这个方法，孩子开心的时候拥抱，不开心的时候更注意拥抱。我发现这个方法不但在自己孩子身上有效，在其他孩子身上也有效。因为我平时会接触到很多的孩子，这种方法可以说是屡试不爽。

前面我们说到中国人不善于拥抱，生活中我就见到，有一小部分父母就是不抱孩子，他们认为这样会养得娇气。其实这会给孩子留下"后遗症"。

多年前，大概有十几年了吧，很多城市的街头，出现过一阵"抱抱团"。有热心的年轻人，手里举着写有"抱一抱"的牌子，热情地给陌生人送拥抱。很多被拥抱过的人，都说瞬间有被温暖感动到。

我们对拥抱的渴望其实很大，无奈我们总是羞于用这种方式表达感情。从国外传来的抱抱团，瞬间就席卷了很多城市，感染了不少年轻人。

越是没有的，我们越是迫不及待地想尝试，想拥有。当年的那些年轻人，如今大部分都已身为父母了。我想他们一定会把这种方式更好地在家庭中传播。

我们还要重视跟孩子的眼神交流。

眼睛是心灵的窗户，我们对孩子的爱，能通过眼神很好地传给孩子，无须多言。你看着孩子的眼睛说话时，孩子会觉得你是重视他的，是爱他的。

不管孩子处在什么情绪，跟孩子进行眼神交流都能很好地连接到孩子，从而建立良好的亲子关系。

我们要从孩子很小的时候就开始锻炼这个技能，因为孩子越大，彼此对视的机会越少，传递爱的信息的时候就越难。

曾经有一个电视节目，发现我们跟父母对视3分钟就能哭出来，可见，只用眼神我们就能直抵彼此内心深处。当然，节目中发现更多的人根本做不到跟父母对视。

与其等老了期待孩子多看你几眼，不如现在开始你多看孩子几眼，给孩子种下爱的种子。

只要孩子能感受到我们满满的爱，他就能成长为一个能量满满的人，能生发出足够应对这个世界的能力。

核心技能 2

让孩子自律自主：
如何培养一个自律的孩子？

———

如果大人一直替孩子们做他们能做并且应
该自己做的事情，孩子就学不会责任感。

——简·尼尔森

说到自律，你能想起来什么？

我想起来网上看到的一个小视频：有一位妈妈偷拍儿子做作业的情景，在半小时里，孩子用在写作业上的时间只有几分钟，大部分时间呢，是用来做小动作了。

而在这个小视频的留言下，一大堆网友说：好像看到了自家孩子的身影。

可以说培养孩子自律，尤其是在学习上的自律，困扰了很多的家长。这一章，我们就来聊一聊怎么让孩子在没有家长和老师的监督下也能把事情做得井井有条。

从1岁开始,培养自我意识和自我认知

> 不要替孩子做任何他能做的事情。
> ——德雷克斯

看到这个标题,可能有家长会感到很惊讶,培养孩子的自律从1岁就开始了吗?

是的,从1岁就可以开始了。当然,不是说让一个1岁的孩子学会自律,那是不可能的事情。咱们是从1岁开始,给孩子打下良好的基础。

什么叫自律?简单来说就是自我约束、自我管理。在没有外人、外在要求的情况下,也能把事情做好。

从字面上我们就可以看到,都是"自我",也就是自己一个人做事情。所以,我们首先要培养的是孩子的自我意识和自我认知,让孩子认识到他是一个独立的个体，他有自主权，可以行使权力，做自己想做的事情并为此负责。

而孩子的自我意识，从1岁多就有了，当孩子认识到自己与妈妈不是同一个人的时候，他的自我意识就萌芽了。孩子越来越大，独立意识也越来越强，到2岁左右的时候，孩子会认为自己已经长大了，什么事情自己都可以做。这个时候，我们就会发现孩子经常说"不"，你说什么他都是"不"，表现得极为不配合。这个阶段，被有的家长称之为"可怕的2岁"，足以证明，孩子对自我的独立有多么强烈的要求。

心理学中有一个著名的实验，叫红点实验。实验人员在数名1至2岁的孩子鼻子上画一个无刺激红印，然后让孩子们照镜子，结果发现：

14个月以下的婴儿不知道镜中的影像就是自己，把镜像视为别人，对着影像微笑、发声、拍打，有的孩子甚至还会到镜子后面去找"另一个人"。

15至17个月大的小孩，见到镜中的影像似乎有点害怕，往后退缩；这个时候他们还是把镜中人当成陌生人，不过也有一些孩子似乎朦胧地感觉到那是自己。

而大部分18至24个月的孩子，能意识到镜像是自己，用手去摸自己鼻子上的红点，而不是去碰镜像中的鼻子。这标志着孩子开始有了自我意识。

从实验可以得知，孩子自我意识的萌发，大概在1岁半左右，根据个体差异，有的孩子早一些，有的孩子晚一些。

所以，从孩子1岁多开始，我们就要注意培养孩子的自我意识和自我认知了。

发展心理学家还发现，自我意识不是与生俱来的，它受社会生活条件制约。自我意识是在后天的生活中，在个体与客观环境，尤其是与社会环境的相互作用中逐渐形成的，它的发展直接关系到儿童健康个性的形成。

而家庭，就是孩子的第一个社会环境，爸爸妈妈是他们跟社会互动的第一批人。也就是说，我们是孩子养成自律的基础。

那么，这个时期，我们都需要注意什么呢？

首先，就是身体方面的刺激。

比如，1岁多点的孩子，刚刚会走路，或者还在学走路。在这个过程中，孩子会逐步意识到自己的动作，继而能够区别自己和他人，并且认识到自己的存在和力量。这个时候，我们就要鼓励孩子多走，不能限制孩子走路。

有些家长，尤其是爷爷奶奶等长辈，觉得照顾孩子走路非常累，动不动就把孩子抱在怀里，或者塞到婴儿车里，以给自己减少麻烦。这对孩子的发展来说，是不利的。

要给孩子足够的时间和机会，让孩子感受他的脚、他的腿、他的步伐，感受自己的存在，确认自己和其他人的区别。

另外还需要注意的是，尽量不要给孩子穿那种会响的鞋子，响声会干扰孩子对身体的感受。孩子用脚走路，他需要感受脚和地面接触的感觉，需要一遍遍地确认自己的身体是怎么回事。而会响的鞋子容易破坏孩子的这份感觉。

身体的刺激还包括很多方面，这里不便一一举例，家长朋友们需要知道的是，孩子在运动中体会自己的身体与动作对象的关系，以此来认识自己的身体部位。并且通过认识自己的身体和正确评价自己的身体来建立内在自我。

其次，是对孩子的评价，这也是孩子形成健康自我认知的非常重要的一部分。

在学龄前，孩子虽然出现了自我意识，但是他们对自己的认识还很有限，他们对自己的评价，实际上是模仿成人对他们的评价，他们自己还没有自我评价的能力。他们也是通过成人的评价来认识自我的。

有心理学家认为，学龄前自我意识的发展重点是促进自我评价的发展。所以，这时候，周围人对孩子的评价就尤为重要。

因此，我们要及时、客观、正确地评价孩子。比如多多肯定孩子的优点，对孩子的努力要给予及时回应，对孩子好的行为要给予及时的赞赏，等等，这些都是培养孩子自我评价能力的好方式。

再次，是语言方面的发展。

1岁多的孩子，基本会说简单的词语了，比如爸爸、妈妈。这个时候，他们也会慢慢地注意到"我""你""我们"等人称代词，不过他们还不会表达，也不会用。即便使用，很多时候也是混淆的，比如你告诉宝宝"这杯牛奶是你的"，他也跟着说"是你的"，不会说"是我的"。

这个时候家长一定要有耐心，孩子分不清你我他是暂时的，随着语言发展，他很快会知道的。不要强制孩子去纠正，更不要嘲笑和戏弄孩子。有些家长不懂语言的发展规律，当看到孩子不能分清人称代词的时候，就比较着急，想着法子让孩子学。其实是没必要的。只要我们给孩子正常的交流环境，孩子自己慢慢就学会了。

当孩子开始用代词"我"来称呼自己时，就标志着孩子的自我意识又进入了一个新的发展阶段。

最后，是要培养孩子的各项生活技能。

其实这个时候孩子还不会多少生活技能，但我们可以让孩子从认识自己的衣服、物品等开始，在生活中帮助孩子提高自我认知。

这个时期的孩子，对自己吃饭也很感兴趣。有的还对洗衣服、扫地感兴趣。当然，孩子肯定是做不好的，在我们大人看来，这个时期的孩子只是做做样子而已。

不过，我们要注意，千万不要打击孩子的积极性，孩子想做的时候，给他做，让他尝试。就是在一遍一遍的尝试当中，孩子才会发展出能力，才知道哪些自己能做，哪些做不了。随之，孩子对自我的认知也发展了。

孩子的自我认知，就像一个内核，决定着他日后自律的发展水平。

大包大揽，嫌孩子做不好，去替他做；嫌孩子慢，去催他；觉得孩子还小，做不了，不让孩子去尝试。我们如果经常这样做，就打击了孩子的积极性，孩子会变得被动、不愿意做，或者等着父母发号施令才去做，没有家长指示不敢动或者束手无策。这就阻碍了孩子在自我认知和管理方面的发展。

德雷克斯说："不要替孩子做任何他能做的事情。"

还有专家说："替代和包办都是对孩子的不信任。"

是的,我们要信任孩子,相信他能做到、能做好。也让孩子相信他自己能做好,逐步培养孩子对自己负责的能力。这都是自律的基础。

注重细小步骤，孩子才能学得快，学得好

> 大人们往往期待孩子们去完成那些未经过适当训练的任务。
>
> ——简·尼尔森

俗话说，罗马不是一天建成的。什么事情都需要一个过程，更别说是孩子的成长了。

在这个过程当中，是一个步骤一个步骤，一个阶段一个阶段慢慢发展的。只有每一个步骤，每一个阶段发展好了，才能得到好的结果。

尤其是在孩子的成长中，我们更是要注意这样的步骤、细节，不可操之过急，不可跳过必要的步骤。大人的一步，可能是孩子的五步，在孩子走这五步的时候，每迈一次脚对他们来说都是一次挑战和进步。

讲个小故事：

豆宝上小学一年级的第二周，学校的各种社团课也都开始了。体能社团的老师提前一天在群里发信息：

"请家长告诉孩子：每周三下午4点，请自行到体育器材室集合，地点在7号楼一楼尽头，男厕所旁边。"

我一看这信息，第一感觉就是豆宝会找不到的。因为这里面的很多信息点她都不是很清楚。要面对的第一个难题是时间，她还不能准确地掌握哪一天是星期几，对下午4点也没概念；7号楼是哪一栋楼，肯定也是不知道的，因为才入校第二周，对学校还不熟悉；一楼男厕所的位置，估计也是迷糊的，至于旁边，左边还是右边也是不清楚的；更要命的是，她或许还不认识体能社团的老师长什么样。

你看，在我们大人看来非常简单的一件事情，对于孩子来说，要面临各种困难，就是一个巨大的挑战，每一个难点都需要孩子去解决。大人几秒可能就完成的事，孩子需要几十分钟甚至几小时。他们只有把每一步都搞清楚了，才能把这件事做成。

比如，我要告诉豆宝，周三在哪一天，下午4点是什么时候，7号楼是哪一栋，男厕所的位置在哪，旁边具体是哪一边，老师是哪一位。

这就是细小步骤，每一小点都要清清楚楚地告诉孩子。尤其对于年龄小的孩子，每一件事情的成功，都离不开对每一个细节的把握。

很多小学在孩子们入学的时候，老师们会考验他们一件事——叠衣服。

叠衣服这件事，我们三下五除二地就搞定了，而孩子们需要在幼儿园练习一年甚至更长时间才能达到一个熟练的水平。

老师会一步一步教他们：先把衣服摊平，然后把一只袖子折过来，接着，用同样的方法把另一只袖子也折过来，然后再从衣服中间折在一起……

生活中还有很多在我们看来很小的事情，都需要家长这样去一步一步教。

在豆宝三四岁时，我记得我教豆宝自己洗澡的时候，就详细地告诉她先做什么后做什么，怎么拿淋浴头，怎么打湿身体，怎么用沐浴露，怎么冲洗干净，等等。

有些家长不懂这个道理，他们就会觉得孩子怎么这么笨，这么小的事情都做不好。其实他们不是笨，只是还没掌握住每一个步骤该怎么做。

我记得之前看过一个关于幼儿园的纪录片，里面有这样一个情节：一个3岁的小男孩，衣服用了半小时才穿好，并且还穿得歪歪扭扭的，只见他一会把衣服翻过来，一会把衣服翻过去，往头上套反了好几次。

这就是孩子还没掌握住步骤，一件小事情需要努力好久，中间甚至免不了发怒和哭泣。如果这个时候我们火上浇油还骂孩子笨，孩子很容易产生挫败感，不愿意再尝试，或者不相信自己能做到。

对于孩子来说，尝试任何一件新事情，都不容易，比如让一个2岁的孩子自己刷牙，让一个4岁的孩子自己洗澡，让幼儿园中班的孩子写字，这些在大人看起来简单到不需要思考的事情，孩子做起来还是相当困难的。

这个时候，我们就要把事情分解成细致的步骤，来一一示范给孩子。让孩子先掌握一个步骤，做好一个步骤，然后再进行下一项。这样，孩子才会学得快，学得好，他才会相信自己能行。

如果孩子有"我能行"的信念，还怕做不好事情吗？一点不用担心，他会搞定自己的事情。并且，这个信念一旦在孩子心里生根发芽，将会造福他一生。

我们也会发现，那些自律的孩子，都具备这种素质。孩子相信自己能做好一切事情，所以他就能做到、做好，根本不需要外界的干涉和管控，他内心就有控制按钮。

花时间训练，静等花开

> 花时间训练孩子的技能，应该成为家庭生活的一个常规内容。
> ——德雷克斯

前面我提到锻炼孩子自己洗澡的事情，我把步骤一一拆解告诉她，示范给她。可是我发现，不管我说得再详细，示范得再到位，她一次、两次甚至十次都还做不好。

第一天可能只学了个大概，简单的步骤知道了；第二天，忘记了一半，于是就再教一次。如此反复"N"次后，才可以不用大人帮助了。

从不解到学会，大概有两三个月的时间；从学会再到熟练，大概又是两三个月的时间。加在一起半年了。

在我们看来很简单的一件事情，孩子需要练习半年。

所以，任何事情，对于一个孩子来说，都需要练习。大到各种知识学习，小到洗漱的技能，都是如此。

孩子就像一个小芽，需要慢慢积蓄能量才能生长。

如果我们不给孩子时间，不给机会，孩子是做不好的，也是长不好的。我们都懂得不能拔苗助长的道理，那是得不偿失的。

好在现在很多的年轻父母，都在慢慢摒弃旧的教育思想，学习新的教育理念。比如现在在年轻父母圈流行的"静待花开"的理念，就给了孩子很大的喘息机会，让孩子按他们的节奏慢慢成长。

当然，还有一部分父母还没跟上来，依然在旧有的思想框架和模式下跟孩子较劲。

我见过那种心急火燎的父母，恨不得拖着拽着孩子往前跑，孩子被搞得很吃力，也很烦躁。结果是两败俱伤，家长抱怨孩子不懂事，孩子抱怨爸妈不懂自己。

有一天早上，我在小区看到一位妈妈拉着孩子上课外班的场景：妈妈非常着急，一边催促孩子快点，一边拉着孩子往前走。孩子说妈妈你慢点，可是妈妈说快迟到了，赶紧地。结果，没走几米，孩子哇地一下吐了，身上地上，吐得稀里哗啦。

好了，迟到不迟到那是小事了，还能不能再去上课都不好说了。

结果还真是有点出乎意料。

这个具体的看得见的事件，很形象地告诉我们：你越催越慢，再催熄火。

我不干了，你自己去吧。甚至都不会用嘴说的，我让你看看，我身体都被你折磨病了。

一些父母因为着急、焦虑，常常不顾孩子的实际水平，做出让孩子难以接受的行为，并且还打着爱的旗号，实在是让人有点深恶痛绝。

给孩子时间，让孩子在一段时间内把一项本领练好，你所期待的花就开了。

有一次我听到一个老师讲了一种高效学习的方法，叫作"三个一"，即一个主体（人）、一件事、一段时间。

老师说，如果我们能做到在一段时间内不断地反复去练习一件事（或学习一个知识），就能做出成绩，得到一个不错的结果。

她还举了一个例子：儿子6岁的时候，玩一种难度有点大的拼图，每天放学回来就玩好久，每天如此，几个月后，孩子居然成功了。这个拼图的难度其实是初中生的水平，一个6岁的孩子竟然做到了。

老师受到启发，尝试把这种方法运用到其他学习中，她发现，屡试不爽，不管是孩子学习还是大人学习，都是如此。那就是运用"三个一"的方法学习，效率会非常高。

我们会发现，"一段时间"这个要素在这其中非常重要。

只有足够的时间，才能保证出效果。所以，别急，慢慢来。给孩子时间，让他去做训练。

在上面的例子中，我们也可以看到，当6岁的小男孩去玩拼图的时候，是多么自律，每天雷打不动，没有人要求他，没有管控，他依然做得很好。

可能有人说，那是游戏，孩子喜欢。其实，其他事情也是一样的，包括我们最看重的学习。这个孩子在学习上，同样投入、自律。所以他的成绩也很好，现在已经从名校毕业了。

俗话说，熟能生巧。任何事情，都要经过反复的训练，才能做到优秀。

所以，我们要给孩子时间，让他去反复练习每一个技能。比如让孩子自己穿衣服、自己叠被子，都需要一个很长的过程，不是一天两天就可以做好的事情。

在训练的过程中，我们不能着急，不能骂孩子笨，不能说"这么简单的事情你怎么就不会"等一些让孩子丧失信心的话。

孩子完全不会的时候，我们可以一边给孩子讲解，一边示范动作；当孩子会了，还不熟练的时候，我们可以看着他做；在做熟练了，并且孩子也愿意自己做的时候，就放手让孩子自己做。这时，孩子或许做得依然不够好，但没关系，给孩子时间，他会做好的。

你笃定孩子能做好，孩子自己也会笃定自己能做好。

建立日常惯例表，养成自我管理的习惯

> 孩子越能自我照料，就越觉得自己能干，越能受到鼓励。
>
> ——简·尼尔森

几乎所有的新手父母都被这两个问题困扰过：

晚上都11点了还不睡，一会儿玩玩这，一会儿玩玩那，东摸摸西瞅瞅，有时还要看电视。大人都困得睁不开眼了，孩子就是不去睡。恨不得把他按到被窝里去。

早上起不来，叫了很多遍了，就是哼哼唧唧不起。即便起来了，也是东逛西游，在房间里跑来跑去，而不去刷牙洗脸。

再长大点呢，同样的问题又出现了：

晚上9点过了，作业还没写，也不知道他在忙活什么。

放假在家，每天吃喝玩睡，就是不想学习，甚至日夜颠倒。

尤其是这一场新冠肺炎疫情，漫长的假期暴露出了很多孩子自我管理能力太差。如果不是父母提醒、催促，网课都不上。

可我们也看到，不管是什么情况，有些孩子一直很自觉。生活起居很规律，学习也很积极。疫情防控期间，我就看到很多文章在写孩子自我管理这个事情，总有一部分孩子，不受环境变化的影响，按部就班地生活、学习。

在班级群里，我也看到有几个孩子，表现得非常棒！

同时我也发现，这些表现很棒的孩子，他们都有一张表，这张表上，写着他们每天要做的事情，很多把时间点都标示得清清楚楚。

我想大家或许也看过，那些网上晒出来的优秀孩子的作息表，有的让我们这些成年人都叹为观止。

这样的表格，在正面管教中有个名字，叫"日常惯例表"。

什么是日常惯例表，简单来说就是一个记录生活事项的表格，比如睡前惯例表，就是我们睡前需要做哪些事情的表格，上面有事项、时间，等等。

在培养孩子自我管理能力的时候，日常惯例表是个很好的"利器"。

前几天还有一个妈妈跟我说："自从和孩子一起制作了日常惯例表，真的省心多了呢！现在也不用我再跟在他屁股后面叨叨叨了。"

不过也有些家长说，我们早就做过这个表格了，没用，执行不了三天。

确实有这个情况存在,执行不到位也是正常现象。如果想让孩子好好执行,也是需要一些技巧的,可不是大人说怎样就怎样,孩子可不会按照你那一套来。

所以,制作日常惯例表的第一个要点就是——和孩子一起制定。不管孩子多大年龄,都要和孩子一起制定,绝不是父母单方面的规定。

小一点的孩子,比如两三岁,我们可以问问孩子都有哪些事情可以做,让孩子说,我们写上去。比如,问孩子:"宝贝,睡觉之前都需要做哪些事情啊?"

如果孩子还不能想出很多,或者还不能说出重要的事情,就鼓励孩子再想想。比如你问孩子睡觉之前需要做什么,孩子可能会说需要关灯,很显然这不是重点。那就引导孩子再想想,比如是不是还要刷牙洗脸啊,是不是还要听故事啊。

如果孩子实在说不出来,大人可以帮忙补充。

孩子说着,你记着。不管孩子说什么,你都先记下来,不打断,不评判,不说"不行",先记下来再说。在记录的过程中,要认真对待。你越认真,孩子越能感受到这件事情的重要性。并且,孩子说什么,你都记下来,孩子会觉得自己说得很靠谱,自己很有能力,很厉害。

孩子说完后,你也可以说说自己想到的点子,把这些点子也记录到本子上去。你甚至可以故意说点不靠谱的点子来。

这个过程,就叫作头脑风暴。先和孩子一起享受制作惯例表的快乐。而这个过程,我们也很好地给孩子示范了什么叫尊重、平等。

头脑风暴之后,就要去除那些无法做的事情,还是跟孩子一起,看看哪些是不能写到惯例表中的，比如睡觉之前再吃一颗糖，这个就有点不太好，要去掉。

筛选之后，跟孩子确认一遍，然后写到表格上去，写好贴到一个合适的地方。

这里提醒一下，对于还没时间观念的孩子，也不认识时钟的孩子，可以不用写时间点。对于已经有了时间观念，也认识时钟了的孩子，可以把每一件事的时间点也写上去。

对于还不识字的孩子，可以用图画或图片的方式呈现，也可以直接给孩子拍照，贴到表上。

后面就是提醒孩子按惯例表上的约定，做一个能自我管理的孩子。

当孩子忘记了，或者到点了还没去做，可以问问他惯例表上的下一项是什么，启发孩子自己去管理自己。

日常惯例表还有一个非常好的用处，那就是减少父母的唠叨，只要看表就行了，自然不用说那么多废话。前面提到的那位妈妈，当她说到自己不用叨叨那么多的时候，非常开心，笑逐颜开的。每位妈妈都想做一位省心的、少说话的妈妈啊！

当你看到孩子还有一些事情没做的时候，可以给他指指惯例表，或者告诉他看一下惯例表，是不是有些事情忘记了，不用跟在孩子后面催促、说教。

那么，制作了惯例表就万事大吉了吗？孩子就能自我管理了吗？当然不是，孩子的任何能力的培养，都需要一个过程，这个过程可能反反复复，就像咱们前面说到的，可能需要多次的练习。

这个只是帮助孩子和家长的一个工具，并不能保证万事大吉。比如有些家长就发现，这个表根本没用，执行不下去。

如果遇到这种情况，我们首先要保持平和的心态，这也是正常现象，不是孩子不争气。然后回顾一下，我们制作惯例表的时候，有没有强制孩子，是不是加了只有自己认为很正确或者必须做到事情，我们有没有很好地尊重孩子的想法，有没有控制的念头在里面。

如果你想用表格控制孩子的行为，那孩子可能会觉得它是一个紧箍咒，不会去好好执行的。

排除上面的原因之后，我们再看看，是不是有些地方孩子还没能力做到。如果是，我们就要跟孩子协商，进行修改。比如跟孩子说："我发现有一项你做得不是太好，对你来说是不是有点难？我们要不要做一下调整？"

在反复当中，在不完美之中，慢慢来培养孩子的自我管理能力，不可操之过急。

核心技能 3

打造高情商的心理基础：
如何应对孩子的负面情绪？

很多孩子做的只是他们年龄段特有的行为，而且还是他们无法自我控制的行为，但他们却因为这些适龄行为而受到惩罚，真的是令人痛心。

——简·尼尔森

我们常常会遇到孩子哭闹的事情,孩子一哭,我们就心里犯嘀咕,很想让他停下来。好像孩子一哭就显得我们多无能似的,我们不允许这样的现象存在。

所以,我们常会随着孩子的负面情绪而产生负面情绪,于是两个人都陷入了情绪之中,甚至产生对峙。我们很生气,孩子也很生气,难免一场"战争"。

这都是因为,我们对情绪没有一个正确的认知,不太懂孩子的情绪,甚至不太懂自己的情绪。尤其是当孩子的负面情绪来了,如临大敌。

其实,没那么难对付。应付孩子的负面情绪,对于家长来说,是一个挑战,同时也是一个机会。如果我们能恰当地面对、处理好孩子的负面情绪,孩子将会成为一个高情商的孩子。

踢猫效应和镜像神经元

> 情绪撤出并不意味着爱心撤离。
>
> ——简·尼尔森

相信大家都遇到过孩子哭闹不止甚至撒泼打滚的时候，或者伤心不已、非常沮丧的时候。每当这个时候，我们也会随着心情变差，看着孩子这样，自己心里很不舒服，或者烦躁或者生气，也有不知道怎么办而产生沮丧或挫败的时候。

大家知道为什么会这样吗？可能有些家长朋友知道情绪会传染的理论，孩子把负面情绪传染给我们了。是的，没错。

有一个著名的小故事：

有一位爸爸在单位遇到了让他生气的事情，他心情不好地回到家，把气撒到了妈妈身上；妈妈也变得心情不好，把气撒在了孩子身上；孩子把气撒在了小猫的身上，他一脚把猫踢到了楼下。这时候，楼下正好有一辆小汽车经过，猫掉到了车前窗上，司机被吓了一大跳，造成了车祸。

心理学上把这种泄愤连锁反应叫作"踢猫效应"。负面情绪一波一波传递，最终酿成大祸。这也就是为什么我们需要管理好自己的情绪。若管理不好，不但对自己无益，对别人也有害，有时候还可能危害到社会。

在踢猫效应当中，坏情绪一般会从强者向弱者传递。那孩子也不是强者，怎么会传染给我们？

脑科学家发现：我们大脑里有一种神经元，叫作镜像神经元，这群脑神经细胞能让我们对对方的行为像照镜子一样反映出来。比如对方很开心，你也会被感染得心情不错；对方很沮丧的时候，你也会被影响得有点郁闷。

孩子出现伤心、愤怒、失望、沮丧等这些负面情绪的时候，你就被传染了，也跟着孩子心情不好起来。

所以，当我们看到孩子有负面情绪的时候，自己也有了情绪。

知道了这个原理，我们就不必为此自责了，因为这是正常现象。我们要做的是接纳，接纳孩子的情绪，也接纳自己的情绪。

要允许孩子有负面情绪，不能因为自己觉得烦躁，就阻止孩子哭，阻止孩子发脾气，这样就会堵塞孩子情绪的自然流动，影响孩子的情感发展。

核心技能 3　打造高情商的心理基础：如何应对孩子的负面情绪？

说到这里，我想起来在一次线下家长课堂上，我讲到这个原理和现象的时候，有一位爸爸就吐槽："我就遇到过很多次'踢猫效应'。我们家妈妈是个急脾气，很容易'炸毛'的那种，她一'炸毛'，我和孩子就是受伤对象。"

有一次，他忘记妻子交代的打扫卫生的事情了。等妻子下班回来一看，屋子里还是乱糟糟的景象，就忍不住发脾气了。不但对他发脾气，还责怪孩子把东西扔得到处都是，不知道收拾。

而孩子呢，立马被妈妈的坏情绪传染了，朝着爸爸一顿吼。

这位爸爸讲这个故事的时候，我们都大笑起来，好有画面感，是不是？其实生活中我们经常会遇到这种情形。我自己也遇到过，简直跟这位爸爸的故事一样。

有一次，我忘记带钥匙了，接豆宝回来后进不了门。我们只好在外面玩，妈妈回来后，生气地把我吼一顿，连带着把豆宝也吼了几句。

我没吭声，豆宝忍不住，回怼了她妈妈后还学着妈妈的样子吼我。

妈妈看到这样，赶紧闭嘴了。

我们看着孩子的样子，不但是注意到孩子有样学样，更注意到了情绪传染和情绪镜像现象。你"炸毛"，她也跟着"炸毛"；你吼，她也吼。

十有八九，我不会跟着她们"炸毛"，但也有一两回忍不住怼回去。不过，每次多少还是会觉得不愉快的。

每当这种时候，我就会很快意识到事情不妙，立马刹车。然后撤离现场，或者想办法救场，或者干脆先闭嘴，什么都不说了。

每个人都有被情绪冲昏头脑的时候，关键是我们能不能迅速地处理好上来的情绪。

当我们懂得了这些背景知识以后，起码能对负面情绪的爆发起到缓冲作用，并且还能促进我们事后反思和总结。如果我们不知道，就没法去觉察，也不能很好地善后。

简·尼尔森博士说："随着我们的意识增强，我们能很快找到自我调节的方法，更重要的是我们教会孩子如何调节他们的情绪。"

理念先行，才有后面有意识有觉察的行为。

对孩子的感受表达认可

> 僵硬、独断的教育只会使孩子疏远他们的教育者,于教育意义和教育成果而言是毫无成效的。
>
> ——阿德勒

我经常见到这样的场景:

孩子很伤心,不如意,哇哇哭,然后妈妈跟他说:"你给我憋住,不准哭!"

有一次,我在小区门口看到一个小女孩,想要买一个气球,她妈妈不给她买,她就哭起来了。刚开始妈妈不理她,她的哭声就越来越大。后来妈妈不耐烦了,生气地对孩子说:"不许哭!再哭你一个人在这吧，我走了。"

还有一次我看到一个两岁多的小男孩，想要妈妈抱，但妈妈就是不抱他，非让孩子自己走。而孩子呢，非要妈妈抱，哭得哇哇的，妈妈没办法了，跟孩子说："你别哭，你不哭了我就抱。"

孩子忍啊忍，忍了半天才忍住哭声，虽然声音没了，但还在抽噎，一听就非常憋屈。

那一刻，我真的很想上前对这位妈妈说："请你忍住别发火，看看是什么感觉。"

这样的例子不胜枚举。

我们常常就这样不顾及孩子的感受，强制孩子把情绪压下去。而我们自己呢，常常又肆无忌惮地对孩子发火。简直就是赤裸裸的双标！

尤其是面对孩子的哭闹，我们常常不能忍，要不吼骂，要不上手打，非得给他制住了。不能接受孩子的"无理取闹"。

可是我们不知道，这样做对孩子的伤害非常大。

首先，情绪只能疏不能堵，压抑下去的早晚要浮上来。

我们常常会看到孩子因情绪崩溃做出极端行为的新闻，很多就是典型的被压抑太久的表现。孩子的情绪不被允许表达，负面情绪压抑太久，慢慢地，孩子承受不住了，就会像火山一样喷发。

其次，压抑情绪会阻塞孩子情绪的自然流淌，给孩子带来更多的心理负担。

人的情绪就像一条河流，不管是欢快的浪花，还是汹涌的暗流，都是这条河流的一部分。正面的和负面的，都是我们情绪中正常的部分，就像一枚硬币的两面，缺一面它就失去了价值。情绪对于我们的心理健康，就像这个硬币，缺一面都不可。

而我们日常的一些做法，就是想让硬币的另一面消失。我们的孩子会在我们这种行为之下，默认为哭是不对的、伤心是不对的、生气是不对的，等等，而这些"不对"的事情其实是一个人正常的反应，像吃饭睡觉一样正常。当孩子没法处理不对和正常之间的冲突，心理问题也就随之而来了。不管有没有浪花，情绪这条河流都在时刻流淌着，保护着我们的心理状态正常。负面情绪就像那些看不到的暗流，尤其不能堵。

再次，强迫孩子压抑情绪会让孩子觉得你不爱他。

在你面前哭都不能哭，你觉得孩子能感受到你的爱吗？能接纳我们淋漓尽致哭的那个人，才是真爱啊！

如果孩子不能从你那里感受到被接纳、被允许，他同样也感受不到你的拳拳之心。如果他感受不到你的爱，那么他就会在安全感、归属感上有所缺失。我们前面也说到了，归属感对一个人，尤其对一个孩子来说，是多么重要。

不管是正面情绪还是负面情绪，我们首先要做的就是认可，不管是哭也好，闹也好，哼哼唧唧也好，都是正常的行为，那是孩子在用孩子的方式表达他的内心感受。

我们一定要做到认可。简·尼尔森博士说："很多孩子做的只是他们年龄段特有的行为，而且还是他们无法自我控制的行为，但他们却因为这些适龄行为而受到惩罚，真的是令人痛心。我们一定不要做这种无知的父母。"

然后，给大家分享一些"话术"，在孩子用不恰当方式表达负面情绪的时候可以这么说。

1. 我看到你哭得很厉害，是不是很伤心？
2. 我听到你的声音好大，是不是很生气？
3. 宝贝，我看到你很生气，是不是感觉胸口像有一团火？
4. 嗯，我在想我做了什么事情让你如此沮丧？
5. 我能听出来你的确很生气，你想告诉我发生了什么吗？
6. 有什么办法能帮助我们呢？咱们来想一想好不好？
7. 你知道吗，你是妈妈最爱的宝贝！

这个时候，随着我们认可的表述，孩子的情绪也会慢慢转变。

对孩子给予积极关注

> 只有那些了解心灵及其运作的人才可以运用他的知识把心灵导向更高、更远的目标。
>
> ——阿德勒

我曾经看过一篇新闻报道:

一个13岁的男孩跳河自杀了,直到孩子去世,他的父母才知道他在学校长期被霸凌。为什么长期被霸凌,父母都不知道呢?因为父母没关注他的情绪变化,也没关注他的行为异常。就在出事的前一周,孩子还在该上课的时间回到家来。父母也没问发生了什么事情,而是跟孩子说:"你怎么又回来了,赶紧回去上学。"

这样不正常的现象不止出现过一次。而父母每次都没有关注他的情绪异常，一心只想让孩子好好学习。

其实这都不是个例，我们生活中有很多这样的父母存在。比如，孩子回家讲，在学校被同学打了，有的爸爸妈妈就会说："为什么打你啊，他怎么不打别人啊？你又去招惹他了吧？"

再比如，孩子回家跟爸爸妈妈说："我今天不想写作业。"爸爸妈妈直接就开始了："你不想写作业，我还不想上班呢！学生的任务就是好好上学，好好写作业，不想写作业你想干什么？赶紧给我好好写去。"

我们可以换位思考，角色扮演一下，当你站到孩子的位置，爸爸妈妈这样说你的时候，你是什么感受？会有什么想法？

还愿意继续跟他们说下去吗？还想写作业吗？

你会不会觉得爸爸妈妈也无理取闹、强词夺理？是不是会有不被理解不被爱的感觉？

当我们这样对待孩子的时候，你觉得他们的心情会怎么样呢？

很显然，我们根本就没关注到孩子真正的需求。我们只关注了我们想要的那一面。

孩子的负面情绪不被关注，很容易出现心理问题，继而出现行为偏差。而与不关注孩子的真正需求相比，更狠的是置之不理，不做回应。

比如，如今已经臭名昭著的"哭声免疫法"，襁褓中的婴儿哭闹的时候，不管不抱，让他哭够。

这种"心狠手辣"的方法，简直就是让孩子置身于绝境之中，让孩子自生自灭。可有些不明事理的父母，这种方法竟然用起来还很顺手。

研究发现，被哭声免疫法教育长大的孩子，后来轻则有睡眠障碍，重则会出现人格障碍，甚至精神分裂。

不仅仅是对待婴儿，对待大一点的孩子，有些父母也是如此。我曾在网上看到一个热帖：孩子因为要一个玩具，在商场里哭了3小时，一旁的爸爸看了3小时。

更可怕的是，评论区还有大把大把的叫好声。从评论当中，我们就能看出来，还有多少孩子，正处于不被关注的水深火热之中。

被这样对待的孩子，长大之后容易出现"处处求关注""讨好""冷漠""爱无能"等现象。

所以，我们要改变这种看不见孩子负面情绪的做法了，因为它影响了孩子的健康成长。

对于孩子的负面情绪，我们要给予积极关注。

那么，什么是积极关注？

首先，要养成时刻体察孩子情绪变化的习惯，对孩子的异常行为有敏锐地捕捉。

很多自残、自杀的孩子，背后几乎都有对孩子情绪、行为不敏感的父母。一个称职的家长，哪怕什么都不说、不做，也会发觉孩子的情绪有变化了。

其次，要从积极方面帮助孩子处理负面情绪。

情绪不分好坏，所谓正面负面也只是我们给予的一个区分罢了。所以当孩子有负面情绪的时候，我们首先要认识到这是正常的，是孩子正常的表现。不要害怕或者回避、压抑负面情绪。任何一种负面情绪，都蕴含着积极的能量。

比如害怕这种情绪，它对我们起着保护作用，减少我们受伤害的概率；怕疼，保护我们的机体，远离让我们感到疼痛的事情；恐高，让我们远离坠落的危险。

当孩子说我害怕、我不敢的时候，你是跟他说"怎么这么胆小，这有什么好怕的"，还是跟他说"宝贝，妈妈能体会到你的害怕，让我们想一想，咱们怎么才能战胜害怕这个小怪兽"？很显然是后者，对不对？后者更能给孩子带来力量，从而战胜恐惧。

关注孩子的负面情绪并看到负面情绪的积极力量，孩子则更有能力去应对他生活中遇到的不如意。哪怕遇到了很大的困难，也会积极地想办法解决，而不是陷入情绪里面。

即便我们什么方法都不懂，我们最起码要做到看见，尤其对小龄的孩子，积极地回应就是最好的处理，千万不能置之不理。孩子心情不好了，即便我们找不到原因，也先让孩子在自己的怀里哭一会儿。

父母的温暖怀抱，就是孩子疗伤的最佳场所。

不关注孩子行为背后的心理，只关注孩子行为的"不正常"，这会让孩子慢慢远离我们。尤其是到了青春期，孩子会表现得更"不正常"。

所以，从现在开始，不要对孩子视而不见了。多看看孩子不当行为背后的需求，及时给予满足，这才是预防孩子跟你不亲的正道。

教孩子学会识别和表达情绪

> 从婴儿时起,孩子们就开始了探索自己个人价值的旅程。
>
> ——德雷克斯

情绪是我们生来就具有的,它没有真正的好坏之分。开心的时候笑,不开心的时候哭,这是非常自然的行为。不过孩子并非天生就认识这个生来具有的东西,他不知道情绪是怎么回事。我们要教孩子学会识别和表达情绪,这是孩子以后管理情绪的前提。

尤其是表达情绪,一定要从小引导。

我们先来说一下识别情绪。

孙瑞雪老师曾在书里写道:"出生后的第一个6年里,发展情绪比发展认知更重要,因为它会帮助儿童建立自己和自己的关系,帮助儿童进入自己的内心世界,儿童也需要借此得出他内在世界对外在世界的反应。"

可以说,情绪是我们连接内外两个世界的纽带。

3岁以前的孩子,我们可以用简单的词语帮助他把内心的情绪描绘出来。比如开心的时候,孩子会哈哈笑,可以跟孩子说:"你刚才在大笑,是不是心里甜甜的、美美的?这就是开心。"孩子生气哭闹的时候,同样可以跟他说:"你哭的时候,心里是不是有点着急,胸口这里有点不舒服?妈妈知道了,你这是在生气。"

描述的时候,给情绪命名,告诉孩子是怎么一回事。就像我们给物质世界命名一样,这是桌子,这是椅子,那是学校,那是医院,等等。内在的情绪世界也是有名字的,要教给孩子,比如高兴、兴奋、愤怒、恐惧、悲伤、嫉妒、恼火,等等。当然,3岁之前的孩子还不能识别这么多情绪,可以先教给孩子最基本的四种情绪——喜、怒、哀、惧。

对3至6岁的孩子,我们可以借助情绪脸谱、情绪卡帮助孩子认识情绪。这些工具网上都有卖,可以买来跟孩子一起玩。

也可以玩情绪游戏,比如妈妈做表情让孩子猜是什么情绪,爸爸说一个情绪词汇让孩子来扮演,等等。可以根据孩子的情况来创造认识情绪的环境。

另外,给孩子读绘本也是一种很好的方法,跟情绪相关的绘本非常多,小朋友们都很喜欢,比如《我的情绪小怪兽》《我变成了一只喷火龙》《菲菲生气了》《生气的亚瑟》,等等。

然后我们来说一下情绪表达，这里主要说负面情绪的表达，比如愤怒、伤心、厌恶等。

负面情绪的表达，最基本的是要遵循"三不原则"：不伤害他人、不伤害自己、不伤害环境。

不伤害他人，就是比如你生气的时候，不能去打别人。当然，对别人大吼大叫也是不对的。生活中我们会发现，一些孩子不会表达情绪，上去就动手推搡，这都是伤害他人的行为。

有一次我带豆宝在小区滑滑梯玩，有一个小男孩看到别的孩子在他前面插队，他二话不说就把人家给推倒了。都是三四岁的孩子，规则意识可能还没那么强，而小男孩在表达自己生气的时候，直接去推别人，这就不好了。幸亏是在滑梯下面，要是在上面，摔下来可不得了。

所以，我们一定要告诉孩子，看到别人做得不对，生气是可以的，但是不能推或者打别人；我们可以说出来，告诉对方自己很生气，他的做法是不对的；也可以告诉大人，帮忙解决争端。

不伤害自己，就是不能有伤害自己的行为。有些孩子在生气的时候会用头撞墙，而有些孩子会抓自己，大一些的孩子还有自残行为，这都是在伤害自己。

要让孩子懂得，情绪是帮助我们来更好地认识自己的，坏情绪并不可怕，我们可以友好地对待它，可以用更好的方法面对它，不要因为负面情绪对自己进行攻击。

不伤害环境，就是不要对周围的环境进行破坏，也有人称之为不伤害物品。最典型的是，很多夫妻吵架，会摔东西，比如摔碗盘、摔茶杯，有的甚至连家具都破坏掉了。这就是伤害环境。

比如孩子在学校里遇到了令自己怒火中烧的事情，把图书角的书撕了，或者把教室里的植物扔了，这都是不好的行为。

平时就要教孩子一些合理表达负面情绪的方法，比如可以说出来，直接告诉对方，"你这样让我很生气""我心情不好，请你一会儿再来跟我说话""我想一个人待一会儿""老师，他把我的铅笔弄坏了，我很难过"，等等这样的话。

如果觉得非常气愤，非要发泄一下，那可以摔摔枕头，打打沙袋，或者对着天空大吼几声；也可以蹦一蹦、跳一跳，跑几圈。做一些没有破坏性的事情来发泄我们内心的不满。

在"三不原则"下表达情绪，对自己和他人都有好处。

向孩子表达自己的情绪

> 个人在家庭中都扮演着不同的角色，每个人都有被尊重的权利。
>
> ——德雷克斯

有个词，大家对它很熟悉——憋出内伤。

这个词用在我们做父母的身上再合适不过了，因为我们常常被孩子的"可恨行为"气得不行，但是，现在又提倡不能打孩子不能骂孩子，什么不吼不叫，这不就是想把我们憋出内伤吗？

更要命的是，现在的很多孩子吼不得骂不得，你狠，他比你还狠。你说你还敢轻举妄动不？只好憋着。憋着憋着，就内伤了。话说回来，你都伤了，还能照顾好孩子吗？所以，光憋着不行。我们也是要说出来的，要表达的。

父母也可以向孩子表达自己的情绪。

当然，这里不是说你可以骂孩子，而是告诉孩子："爸爸妈妈也有心情不好的时候，也有生气、伤心的时候。"并且，要告诉孩子自己为什么会是这样。

尤其是被孩子激怒了，或者被孩子的负面情绪传染的时候，我们是可以跟孩子说的，我们可以说"看到你摔东西我也很生气，我觉得这个行为不对""你很伤心我知道，看到你伤心妈妈也有点难受，咱们一起想想办法吧"，等等。

有一次，我一时没注意，豆宝玩水，把水洒得到处都是，卫生间、客厅、卧室、地上、桌子上、沙发上，搞得家里一片狼藉。我赶紧制止了她的这个行为，并且告诉她"你这样做让爸爸很生气"，然后给她解释为什么不能这样做。

她看到我的表情很严肃，就知道了自己的行为的确不合适，以后确实也没发生这样的事情。

孩子们常常做出这些让人生气的事情来，如果我们什么都不说肯定是不行的，但你大吼大叫当然也不行。孩子并不是有意找茬惹事，可能是觉得好玩，或者是因为好奇想看看会发生什么，这都是正常现象，我们首先必须理解孩子的行为。

理解孩子，告诉孩子发生了什么，爸爸妈妈的感受是什么，然后引导孩子一起解决问题。

在这个过程中，哪怕我们不能完全做到心平气和，但坚定的态度也能给孩子带来启发。并且，我们处理这个事情的时候，也是在给孩子做示范。当孩子以后遇到类似的事情，也会仿照着家长的方式解决。

比如豆妈有时候会忍不住大声跟豆宝说哪些行为不好，表现得很生气。豆宝就会对她说："你要好好说话，你这样大声是很不礼貌的。"

另外值得注意的是，不管孩子做了什么，多么让你生气，事后你都要告诉孩子你是爱他的，要消除孩子的恐慌。

生活中我们也会发现，可爱的小朋友们常常会对生气的爸爸妈妈说："你不爱我了吗？"

我们要坚定地告诉孩子："爸爸妈妈只是生气了而已，你是我们最爱的宝贝。"把情绪和事情分开，尤其注意把情绪和人分开，是很重要的事情。不是发脾气了就是坏蛋，就是不爱了，发脾气是很正常的。

我们一定要把负面情绪对孩子的伤害降到最低。

合情合理地向孩子表达我们的情绪，传达我们的感受，这样不仅对我们自己好，对孩子也很好。千万不要去假装温和。你的假和装，孩子一眼就能识破。

有段话说得特别好：我们的孩子何其敏锐，他们的"出厂设置"都自带"X光"全套设备，时时关注着亲密养育人的情绪状态，只用0.01秒就可以完成透视我们的内心，扫描我们的情绪，然后展开"假温和打假"专项行动，这就是为什么我们明明看上去没有发脾气，努力保持着"温和"，但孩子仍然对抗我们的原因。

父母首先是一个人，有情绪是正常的，偶尔发个火也是正常的。好好说话，好好表达，就能做到无害。

核心技能 4

激发孩子内驱力：
如何让孩子积极主动地去学习？

———

> 如果我们能以温柔、关心和理解的态度来对待孩子，他们往往会表现出令我们意想不到的能力和才智。
>
> ——阿德勒

我相信，本章这个技能是90%的父母所需要的。学习这件事，可以说成了很多父母心中的一根刺，是我们最关心的问题了。

尤其是主动学习，那简直就是不可能的事情，不盯着怎么可能去自觉学习呢？

我们为孩子的学习可谓操碎了心。时至今日，学习仍然是有孩子的中国家庭里的头等大事。一旦孩子的学习出了问题，那可能会导致整个家庭跟着遭殃。

孩子考了好成绩，全家喜气洋洋；孩子考了低分数，全家垂头丧气。这种现象太常见了！

一味催着盯着就能让孩子搞好学习吗？当然不能。我们需要懂得一些学习原理和技巧。

你家孩子爱学习吗？

这个问题，有一大半家长的答案是否定的。但愿正在看书的你，答案是肯定的。如果不是，希望你能在这一章里拿到开启孩子爱学习的钥匙。

孩子不爱学习的原因

> 积极来讲,学校的确有教育和矫正儿童行为偏差的义务,但消极来讲,学校只是儿童早期家庭教育弊端暴露的场所。
>
> ——阿德勒

我曾在网上看到一个数据:

据全国养成教育总课题专家在北京市20多所学校的调查,由于不爱学、不会学而烦恼的孩子,初中达到了58.6%,高中达到了72.4%,严重影响了教育质量。

也就是说,一大半的初高中学生,是处于厌学状态的。

不知道这个数据的真实性和准确率是多少,但是至少可以看出,厌学是一个普遍现象。

我曾经到一个小学里听讲座，授课的老师说，据不完全统计，中国小学生的厌学率有可能高达到70%。

这个数据也许有点夸张，但是，我一个朋友告诉我的事情，让我觉得这个数据还是有点真实性的。

她说，为了给即将上一年级的孩子选一个好点的学校，她考察了有可能去上的几个学校，并亲自询问在那些学校上学的孩子们，情况怎么样。有一个比较健谈的男生跟她说："我们班没几个人爱学习，可能只有班长爱学习，我们都不爱学习。"

她又问，为什么你们还来上学呢？孩子说："爸爸妈妈让来的啊，不来能行啊，要挨打的。"

她接着问孩子，觉得老师怎么样？孩子答："不怎么样，有的老师很严厉，还有打人的老师，作业做不完打手，迟到了要站到教室外面去。"

我的这个朋友听完孩子的讲述，感觉很吃惊，怎么跟我们小时候一样啊，几十年没啥变化！

有人说，厌学，是中国教育的毒瘤，不切除好不了。甚至很多年前，还有专家呼吁把"厌学率"纳入学校考核标准。然而，很多年过去了，状况并没有改变多少。

而我们做家长的，都想让孩子喜欢学习，好好学习。怎么办呢？

想要从根本上解决一件事情，先要探究造成这件事的原因，从根上挖起，才能有效解决。

这一节我们就来看看都有哪些原因导致了孩子厌学。

大致可以分为四种：

1. 传统教育模式的问题，大环境影响

中国的传统教育，采取的是统一授课方式，不管你爱不爱学、想不想学，都要老老实实坐好听讲。哪怕课程枯燥，也要遵守纪律，认真听讲。等老师把课讲完再说其他事情。

学生处于被动接受状态，很难有高的积极性，从而导致学生普遍有厌学情绪。

而我们整个教育环境，又是资源争抢、成绩比拼的，家长和孩子都深感压力。全社会对学习的印象就是——苦大仇深、悲壮。

大家看孩子上高考考场的时候，那个场面，真是像上战场一样。你说谁会喜欢上战场呢？

我们还信奉：吃得苦上苦，方为人上人；学海无涯苦作舟；梅花香自苦寒来；十年寒窗苦，等等。

这么苦的事情，能让人提得起精神吗？我们被传统观念催眠太久了，很难保持清醒，跟着大环境走，不落伍已经不错了。

当今"鸡娃"现象在大城市屡见不鲜，有些区域甚至处于白热化状态。所谓"鸡娃"，就是父母为了让孩子读好书，给孩子安排各种学习与活动，让孩子像打了鸡血一样奋发向上。孩子在各种培训班的狂轰滥炸之中，对学习的忍耐已然是够了。

2. 学习本身

无论学习什么，都不是一件特别轻松容易的事情，需要付出一定的

时间和精力。我们要调动很多脑细胞，去钻研、琢磨。人类是有惰性的，如果我们看不到学习的好处，自然就难以去克服惰性。而孩子，常常看不到学习的好处。尤其是在学校的学习，更是没有多少甜头，课堂上要老老实实坐着，放学了还要写作业。

学习本身，就会给孩子们带来一些阻碍，削弱了积极性。

3. 孩子自身能力

上面我们说，学习本身就是需要付出的，是需要一些基本的能力来应对的。如果孩子不具备这些基础能力，也会产生厌学情绪。比如专注力、耐力、坚韧、自律，等等。

另外，还要有跟当下的学习匹配的能力，比如一年级的孩子要会写字，手腕要有力度。能力方面的不足，也会影响学习的积极性。

4. 家长的不正确对待

现在我们都知道，全中国甚至全世界的家长，很多处于焦虑状态。教育带给我们的焦虑，有时候已经让我们接近失去理智的边缘。

我曾看到一个报道，北京的一位妈妈，给7岁的女儿报了十几个培训班，孩子每一天都奔波在学习的道路上，全年无休。孩子疲于奔命，每天都是无精打采。瘦弱的样子看着让人心疼。而这位妈妈还不知悔改，说大家都这样，不这样就落后了。这样的教育，能让孩子爱学习才怪了。而我们的很多孩子，就沉浸在这样的高压环境里，只能应付学习这件事。

其实这是在做本末倒置的事情。

不上培训班依然学习很好的孩子，也有不少。关键就是看我们家长的认知，如果我们认识不到，不懂得孩子成长的自然规律，不懂得孩子的年龄特点，就很容易用错误的方式对待孩子的学习问题。

家长不正确的方式、态度，都会让孩子厌学。

看看上面的这些原因，我们会发现，其实我们能做有效助力的只有后面两个。在这两个方面用力，才能在一定程度上解决孩子的厌学问题。

激发孩子的内驱力

> 大多数父母都希望自己的孩子有更好的成绩，孩子们往往将此理解为父母更看重他们的成绩，而不在乎他们本身。
>
> ——简·尼尔森

要想让孩子积极主动地学习，最重要的是激发孩子的内驱力。什么是内驱力？就是内在的驱动力。我就要去学，我就爱学，学习能让我有成就感，学习能让我快乐，而不是"学习让我妈快乐"。遇到困难的时候，也能自己激励自己，自己给自己加油打气。把"要我学"变成"我要学"。

我们应该从哪些方面入手来帮助孩子提升内驱力呢？

1. 保护好孩子的好奇心和探索欲

大家有没有发现？在孩子上小学之前，在我们还没对孩子有那么多要求之前，孩子其实是挺爱学习的。孩子学说话，他会盯着大人的嘴，感受说话的动作、发音；孩子学走路，一遍一遍尝试，摔倒了还站起来。孩子到处探索，开开心心地去认识这个世界，他们手脑并用，有时候连嘴也用上了。

是什么支持着孩子摸索这个世界？是孩子内在成长的需求。

孩子成长到一个阶段，他就会有不一样的内在需求出现。蒙台梭利把孩子阶段性的表现称为敏感期——手的敏感期、嘴的敏感期、书写的敏感期、阅读的敏感期，等等。在这些敏感期内，孩子对某一方面的事情表现得特别有兴趣，反反复复去做，不用大人去要求。

其实，人类对学习也是有着天然的兴趣的，人类有天生向善的需求和追求。如果我们能保护孩子这种内在的需求，不破坏孩子的好奇心、探索欲，孩子长大以后也可以像小时候一样，对学习充满了兴趣。

据统计，那些"学霸"孩子，大部分都是兴趣广泛，探索欲强，不自觉地就对学习各种知识和技能充满了好奇，从而不断地去努力发掘更多更深的知识。

那么，该怎么保护孩子的好奇心？有一点非常重要：家长不以大人的观点和标准评判孩子的想法、行为，对孩子的想法也保持一种好奇，看看孩子的脑袋里都装着什么。

比如孩子们都对小动物、小虫子什么的感兴趣，哪怕是死的，他们都要观察好久。如果家长觉得这些东西脏，不让孩子去看、去碰，或者把孩子硬生生拉走，这就很打击孩子的好奇心。

我记得豆宝两三岁的时候，常常走着走着就蹲下来看地上的东西，有时候我都感觉很恶心的东西，她仍观察得津津有味。我还是忍住自己那份不适，陪她看她觉得有趣的东西。在保证安全的前提下，哪怕她要观察一坨大便，我都不会干涉。

记得有句话这样说：我们天性中最优美的品质，就像果实上的那层粉霜一样，只有小心翼翼，才能得以保全。

我们对孩子的好奇心和探索欲的保护，也应如此。

2. 要让孩子在学习中得到好处，体验到成就感

对自己没有好处的事情，谁都不会干。一件事情，做完了感觉不到成就，也无法持久地做下去。孩子对待学习，也是如此。

学习能得到什么好处呢？很多。浅显的好处，比如家长的奖励、学校的奖励；深层的好处，比如家长和老师、同学的肯定以及赞许，进而提高自信、自尊、价值感。

这都是孩子心理的需求。我们可以从满足孩子的这些需求开始，比如给点小奖品，给个小星星，口头表扬，等等。让孩子一提到学习就有好的感觉，然后让这些好的感觉良性流动。

3. 要多鼓励，塑造孩子的成长型思维

前面我们有说到鼓励和表扬的区别。尤其在孩子考试不理想的时候，表扬肯定是不合适的，但鼓励可以。

"我看到你最近复习很用功，晚上做题都做到很晚，你付出了很大的努力，虽然成绩还不理想，但你有这样的精神，下次肯定能考好。"

"看到你这次因为成绩不开心,妈妈也不好受。我看到你的学习状态很好,可能是还有一些知识点没掌握,我相信你下次会解决这些不会的地方。"

像这样鼓励的话,一定要多说。

不是"不优秀",而是"尚未优秀"。不是"考不好",而是"还没考好"。一切都有机会,一切都可能实现,都可以期待。我们要从语言上,把孩子从失败感中拉出来,引导孩子用成长型的思维去看待目前的问题,转消极为积极。

思维方式的转变,将会给孩子带来不一样的学习体验。

4. 看见和允许,让孩子拥有归属感

我们要看到孩子的努力,看到孩子也想学习好的愿望,让孩子在学习遇到困难时能有一个着陆点和休息的地方,这会给孩子带来持续的动力。如果孩子没考好,回家就挨骂,家长全盘否定孩子,那么孩子就很难有后劲去学习。

另外,要允许孩子出差错,允许孩子一次两次没考好,允许孩子玩性大,允许孩子不完美。只有在允许当中,孩子才能感受到我们的爱和包容,孩子也才能在家庭中找到归属感,才有能量去好好学习,做更好的自己。

5. 让学习充满乐趣

前面我们说到厌学,很多时候就是因为学习没有乐趣,孩子根本没法去爱学习,学习对他们也没有吸引力。

他们为什么那么爱打游戏呢?因为游戏好玩,有乐趣。如果学习也

像游戏一样,孩子们自然喜欢。

所以,在孩子的学习当中,不妨增加点趣味性。比如跟孩子一起比赛,看谁先做完这道题,输的在脸上画一只猴子;比如让孩子来教你,你表现得饶有兴趣并且认真听,偶尔犯下小错误;比如带孩子实地考察书本上的知识点,等等。在游戏化的学习中,让孩子掌握所学内容。

6. 家长好好学习,给孩子做榜样

我曾经看到一个报道,一个医院的护士长,希望自己的孩子能考上研究生,于是她和孩子一起学习备考,后来,母女俩双双考上了。

当孩子看到你在努力学习的时候,他也会跟着学习。孩子都是不服输的,他们看到家长努力学习的模样,他们会想做得更好。当然,你不能让孩子觉得你强大到他无法超越,要跟孩子"并肩作战"。

先关注孩子，再关注成绩

> 仅仅将孩子的学习成绩作为判断的标准是非常愚蠢的。孩子的成长比成功更重要。
>
> ——阿德勒

就在我写这节文章的前三天，我所在的这个区，有个初三的孩子跳楼自杀了。

因为他的学习态度问题，老师请了家长，这个孩子的妈妈对孩子的表现表示非常愤怒，当着老师和同学的面，扇了他两耳光，还进行了言语辱骂。

被打骂几分钟后，孩子从教学楼的窗户上纵身一跃，跳了下去。就这样结束了还没来得及绽放的生命。

我们周围的人看到这个消息后，深感震惊和痛心。有家长说：跟孩子的命相比，0分又能算什么呢？学习不好就不好吧，怎么着都能活下来。

是啊，跟孩子相比，成绩算什么呢？

可是，我们常常会把孩子和成绩画等号。学习好就是好孩子，学习差就是坏孩子。有些愚蠢的父母甚至跟孩子说："你就考这点分，你怎么不去死？"

没有孩子，哪来的成绩呢？身体是革命的本钱，孩子是成绩的本钱。所以，作为家长，我们切记要先关注孩子本身。

在孩子和成绩之间，我们的第一选择永远是孩子，不管孩子的成绩有多差，你不能因为这个去损害孩子的身心健康。

日常生活中，我们常常看到的是，因为学习问题，家长置孩子的身心健康于不顾的场景。考得差了骂一顿或打一顿，不管孩子是因为什么原因考差了，我们就是认为孩子没有好好学，就要受到惩罚，就要让他吃点苦头长长记性。极个别暴虐的父母，甚至把孩子打死。

当家长追悔的时候，也是痛不欲生的。虽然极端的情况是少数。但是，因为成绩正在无形中损害孩子身心健康的家长却不是少数。

如果你在网上搜索过"因学习你受过哪些惩罚"的话题，会看到众多触目惊心的答案。

惩罚能让孩子学习好吗？或许一时半会儿可以，但长期肯定是不可以的。当外力消失的时候,孩子就被"打回原形"了。

关注孩子本身的学习状态,关注孩子的个性差异,关注孩子成绩变化背后的原因,这才能改变孩子的学习情况。比如孩子考差了,他自己已经感觉很糟糕了,你又把他骂一顿,这就雪上加霜了。没有哪个孩子想考差,孩子考差了肯定是有原因的。我们要帮助孩子去找出那个原因,安抚孩子低落的情绪,查缺补漏,争取下一次考好。

当孩子考差的时候,我们要雪中送炭,换位思考,体会孩子的心境,帮助孩子渡过难关。这就是在关注孩子本身。

我们怎么做,才能关注到孩子本身呢?

1. 关注孩子的情绪变化

如果发现孩子情绪低落,可以问问孩子发生了什么。当孩子说出来的时候,无论是什么事情,我们都不要去责怪、批评孩子,比如作业没做好被老师罚站了,上课和同学说悄悄话被老师警告了,跟同学发生矛盾被欺负了,把重要的学习用品弄丢了,等等,这时候就不要再说孩子。

接纳孩子的不开心、失落或者沮丧,跟孩子一起想办法,看看怎么避免下次再犯同样的错误,或怎样应对同类情况。把焦点放在解决问题上,而不是秋后算账。

那如果孩子不愿意说呢?孩子不愿意说,我们就不多问。把作为家长的这部分做好,给孩子提供一个消化负面情绪的环境、时间,提供我们力所能及的帮助。

2. 关注孩子行为背后的原因

成绩不理想，是不会做还是马虎？跟同学打架了，是别人太过分还是自己的沟通方式不合适？不想做作业，是身体不舒服还是做起来有困难？遇到孩子的行为有偏差时，一定要先去考虑，导致这种现象出现可能的外在客观原因，从原因入手去纠正偏差。

不管是哪种原因，找到后帮助孩子去解决。拉一把，而不是给一巴掌。当孩子感受到父母的爱和接纳时，他们更容易加油、努力、向前冲。

3. 关注孩子应对压力的方式

我常常听人说："现在的小孩真不容易啊，起早贪黑的，比大人都辛苦。"

是啊，现在的孩子，面对的压力真的不比大人小。而对压力消化处理的方法，将会影响到孩子的身心健康。

比如有些孩子表达能力比较差，不知道如何跟家长或者老师描述自己的感受，常常憋着、忍着，这样久而久之，身体和心理都会出问题。

我们要多关注孩子的压力应对方式以及抗压能力如何，帮助孩子减少心理负担。比如有些孩子遇到困难和压力的时候，会哭，会找人倾诉，或者去运动、听音乐，这就很好。可也有孩子会做一些叛逆的行为，以此来应对。

这就要求我们做家长的用心观察、询问、引导孩子。

最后想说的是，孩子哪怕学习不好，也是我们的孩子。像他还不会吃饭的时候那样对待他,像他还不会走路的时候那样对待他。一小口一小口,一小步一小步,我们的小天使会慢慢强壮、强大起来。

一口没吃好不要紧,一步没走好不要紧。告诉孩子也告诉自己:"孩子,你慢慢来。"

优势教养法，应试体制下的补药

> 严厉要求和控制会威胁到孩子的独立人格，从而唤醒孩子的反抗意识。
>
> ——阿德勒

我们传统的教育，最喜欢做的事情就是"补短"，哪方面差就拼命地补哪方面，数学差就上数学补习班，语文差就上语文补习班。

不补不行，因为偏科是要命的。我记得我上中学的时候，我们老师常说的一句话就是："咱们不能有'瘸腿'科，'瘸子'跑不快。"

这在应试教育的大环境中，也无可厚非。毕竟我们要参与高考嘛。

很不幸的是，再怎么补，还是有很多孩子偏科。

我就是这些孩子中的一个，我看见数学就头大，老师越讲，越在我身上下功夫，我就越紧张、难受，好像怎么着都学不会，达不到和语文一样的水平。

现实情况就是如此，不是我们想全面发展就能全面发展的。这个世界上大多数还是普通人，只有一两样能做好的事情。其实，如果我们能把一两样事情做好，就可以了。有一个优势，有一个特点，就可以立足于社会。

这样想一想，我们对孩子的要求是不是就没必要那么苛刻了呢？

即便孩子学习不好，他在运动方面突出也可以，在文艺方面突出也可以，有经营头脑也可以，游戏打得超级好也可以，甚至有搞笑天赋都可以，连声音好听都可以发展出特长和优势来。

当我们能把关注点多放到孩子的优势、优点上，孩子就能有更大的出息。因为多看孩子的优点和长处，会让孩子更有自信和进取心，能有效促进孩子认识到自己的潜力，并不断地发展各种能力和品格。

而如果我们一味地去关注差的那一面，好的那一面可能也会受损。因为当注意力集中在差的部分时，会令孩子产生挫败感、自卑等负面情绪，这种情绪不利于学习。久而久之，可能就会放弃，自我否定，最后连优势学科也影响了。

教育要面向未来，要考虑到孩子以后发展的道路，而不仅仅是眼前的考试成绩。其实，我们可以变化一下角度和方法，让孩子的强项更强。

大家都知道木桶理论，但我们知道斜木桶理论吗？

即使一个木桶有短板，假如你把它斜着放的时候，它的容量也很大。也就是说，如果我们换一个评价标准，换一个位置，孩子就不是差孩子了。

作为父母，尤其是中国的父母，我们一定要明白这个道理。我们的孩子没那么差，只是评价标准不一样。

有人说，我们生活在这个环境中，不允许啊！

这我知道，但孩子是我们自己的。大环境有限，教育体制有限，至少在家里，我们要做到无限和允许。我们要想办法给孩子创造一个环境、提供有利于他学习的条件。我们在家庭里，是可以为孩子做一些支持的。

比如说孩子对天文感兴趣，整天就是抱着跟天文相关的书读，想要一架望远镜，那我们就可以给孩子多买一些这类的书，在经济条件允许的情况下，给孩子买一个好的望远镜。

我们的支持，一定会让孩子对天文知识钻研得更深，更爱学习相关的知识。因为在学习天文知识的过程中他会遇到很多障碍，比如要阅读材料的时候，他需要一定的阅读能力，阅读英文材料的时候，他需要学习英文，更不用说要懂得相关的物理知识和数学知识了，这个时候，你不用多说，孩子自己就去学了。

假如我们对孩子的兴趣视而不见，听而不闻，认为孩子鼓捣那些玩意儿影响学习，我们去阻止孩子，让孩子去背书、默写，做各种作业，想要一个望远镜需要考双百分，孩子还会积极主动学习吗？当然不会。

我们先要认识到，我们这个大环境对孩子是有束缚的，是有不利的地方的，那我们就要灵活一点，不要太强调考试和成绩。孩子可能会一时成绩不好，那都没关系，我们要观察孩子对学习的态度，他的兴趣点在哪，根据孩子的具体情况去调整我们的教育方式。

当我们发现孩子的兴趣点和优势之后，就要积极关注这个优势，把孩子优势发展为孩子的强项，可以投入更多的资源给这个优势。

关注优势能给孩子带来成就感和自信心，当孩子有了这两样东西的时候，就有了应付未来生活的良好心理基础。这个心理基础，能打败劣势和短板给他带来的挫败感、焦虑感。

就不说以后，眼下就能看到明显的效果。

在郑州，有一个不起眼的小学，开家长会的时候，家长们都在抱怨孩子这不好那不行。有一位妈妈，她在上台发言的时候，就问大家："我们都爱说孩子哪哪不好，我们看到孩子好的地方了吗？"

家长们哑口无言，有的家长连孩子的一个优点都找不到，在他的眼里，孩子满身都是缺点。

这位妈妈跟大家聊了关注优点的好处，组织大家关注孩子的优点并在群里打卡。一个月之后，家长们看到孩子的变化非常大，爱学习了，也更积极主动了。

班主任对学生们的变化也感到很惊讶，她把这个方法推荐给了其他班级，其他班的孩子们变化也很大，尤其是平时看起来是"问题学生"的孩子，改变更大。

继而，全校推广这个活动，让家长们积极参与。后来，教育局都关注到了这个学校的成绩变化，组织老师们来调研学习。

你看，听起来简直是不可思议的一件事，仅仅是我们关注点不一样了。

有人说:"成功父母与失败父母的区别是,前者将孩子对的东西挑出来,把他的优点挑出来,而不明智的父母,一眼就看到孩子的缺点。"

我们要向成功的父母看齐。

美国成功教育学家拿破仑·希尔曾经说过:"每个孩子都有许多优点,而父母恰恰相反,他们总是盯着孩子的缺点,认为管好孩子的缺点,才能让孩子更好地成长。其实,这样做就像蹩脚的工匠,是不可能造出完美瓷器的。"

我记得我的一位老师曾打过一个特别形象的比喻:

如果我们在雪上印一个手印,下一场雪来的时候,这个手印很快被覆盖。但第二场雪来的时候,你再在这个手印上按一下,第三场雪就没那么轻易被覆盖了。下一场雪你按一下,再按一下,最后,这个手印就很难被覆盖被消除。

这就像孩子的缺点,你说一次,可能还没大碍,当你说多了,就变成痕迹了,你说得越多,就越难以改正。盯着孩子的缺点和劣势看,就容易说多,就容易按手印。而我们盯着孩子的优点和优势看时,孩子就能够蓬勃茁壮。

核心技能

5

做不发火的家长：
孩子惹我发火了怎么办？

—

花点时间让自己冷静，这是我们需要教给
孩子的一个重要生活技能。

——简·尼尔森

在线下的家长课堂上，我曾多次问到家长们一个问题："你们对孩子发过火吗？"

99%的家长都回答："发过。"

一说到这个问题，家长们刚开始还感到不好意思，但过不了一分钟，就会谈论得热火朝天，因为都深有感触。说到孩子"惹怒"自己的情况，尤其是说到孩子的问题时，简直停不下来。

有的家长说，有了孩子后，感觉像变了一个人似的，动不动就情绪爆发了；有的家长说，孩子常常惹得自己火冒三丈；有的家长说，实在忍不住，吼完孩子又后悔。

是的，这是一个普遍而常见的问题。谁都难免有着急上火发脾气的时候。

那么，我们为什么会发火呢？为什么总是发火？怎么瞬间熄灭自己的怒火呢？怎么在说出伤害孩子的话之前熄灭怒火呢？

这一章，我们就来说说这个问题。

了解大脑工作机制，
有意识地合上大脑盖子

> 当孩子能持续地体验到被父母或者其他照顾者看见，体验到自己的感受被理解，那么孩子就会在情绪、思维、人际关系等方面发展良好。
>
> ——丹尼尔·西格尔

在正面管教的家长课中，我们经常会用到一个小活动——掌中大脑。

这个小活动来自美国著名积极心理学家、哈佛大学医学博士丹尼尔·西格尔教授的研究成果，他曾在《由内而外的教养》一书中提到"掌中大脑"的知识，正面管教把它用在了教学中。什么是"掌中大脑"？其实就是为了便于理解，我们可以把大脑想象成手掌。你不妨跟着我下面的描述来动手做一下，以便理解得更为深刻。

请你伸出一只手,左右手都可以,将手掌打开。

我们来看一下,从掌心到手腕的这部分,可以代表我们的脑干,脑干是大脑中最为原始的部分,也称为"爬行动物脑"。它负责我们的一些基本功能,比如呼吸、心跳、睡眠等,主要任务是保障身体的安全和基本运作。

现在我们把大拇指弯曲,放到手心上,这部分代表着我们的中脑。这里有杏仁核,负责储存记忆,也是回忆恐惧的地方,并且所有动物都有中脑。中脑最关心的是:我被爱吗?我有安全感吗?若是感觉不到这些,人就会表现出悲伤、生气、焦虑等状态。

脑干和中脑这两个部分连接身体的意识和情绪的反应,属于第一反应区域,当大脑被脑干和中脑掌控的时候,我们的行为便是不需要思考就能做出的反应,是最原始、本能的反应。

现在让我们把四根手指并拢,包住大拇指,手形成一个拳头的样子。

指尖接触手掌的部分,也就是指甲盖后面的部分,被称为理智脑,负责情绪管理、人际关系管理、灵活性、直觉、社会认知、自我意识、逻辑分析等高级认知功能。这个位置在我们脑门后方,从生理结构上来说,是前额叶皮质。这里关心的是如何解决问题。

实验证明,当人的情绪平静时,理智脑会联合脑干和中脑一起运作,此时会比较理智,不会跟着感觉走。

然而，当人很生气时，理智脑就罢工了，相当于四指打开了，露出了你的大拇指，也就是中脑，即最原始的一部分。此时你做出的反应便是应激反应，可能是攻击、逃跑，可能是僵住或者晕倒。

这四根手指就像一个盖子，当它们盖住脑干和中脑的时候，我们是平静的、冷静的、理智的；当它们打开的时候，我们是不理智的。

这就是我们要说的"掌中大脑"，当我们了解了大脑的运作机制后，就明白了为什么总是生气，总是爱发火。那是因为我们的大脑盖子打开了，动物本性完全暴露，我们的行为就会以爬行动物脑为主导，不理智，产生情绪化表现等。

这时我们没有能力去调控自己的情绪，也没办法恰当地处理人际关系，通常也无法意识到自己的言行有所不妥。这也是为什么大家在争吵时经常说出许多非常难听的伤人的话，事后自己也非常后悔，当我们自己完全不受理性控制的时候，就是"爬行动物脑"在发挥作用。

什么时候我们的大脑盖子最容易打开呢？基本就是饿了、困了、累了的时候，这个时候我们身体的机能提醒我们要保护自己了，要去吃饭喝水或者睡觉。

假如这个时候孩子不让我们去休息，我们很容易就发怒了。比如你上了一天班回到家非常累，你想休息一下，结果孩子缠着你，就是不让你休息，还要你陪着他玩，你可能就会生气地说："你怎么这么不懂事啊，妈妈很累，让妈妈休息一下。"

想让大脑盖子合上，我们首先就是要照顾好我们自己。照顾好自己，才能照顾好孩子。

而孩子的大脑盖子比我们的更容易打开，表现也更情绪化。

为什么呢？因为从进化上来讲，前额叶是最晚发展的皮质结构之一，人类的前额叶约占大脑皮质总面积的三分之一，直到25岁左右才渐趋成熟。

我们常常会对十几岁的孩子说："你看你，都这么大了，怎么还跟个小娃娃一样。"其实，从前额叶皮质发展来看，他就是小娃娃啊！还没有长出足够的"理性"来。

由于我们大脑的镜像神经元反映功能，当看到孩子打开大脑盖子时，我们自己的大脑盖子也很容易被打开。如果双方都处于大脑盖子打开的情况，亲子战争一触即发。

那是不是大脑盖子一直合上就是好事？当然不是，一直合着那就是出问题了。

一个人不可能一直打开大脑盖子，也不可能一直合上大脑盖子，总是在打开和合上之间，有时候还是一半打开一半合上，各种状态都会有。

不过，我们在处理孩子的问题时，当我们意识到大脑盖子打开了，就有意识地去把它合上。哪怕只是早一点点意识到，事态的发展就有可能完全是另一种局面。

我们意识得越快，合上得就越快，处理情绪和事情的速度也越快。

在这一节中，我们学习了"掌中大脑"，但也不可能保证以后就不发脾气了。只是，我们今后可以比之前更快地意识到我们在干什么。当大脑盖子打开的时候，尽快地意识到："哦，我的大脑盖子打开了。"然后冷静下来，让理智脑回归。

下面的几节里，我将介绍一些技巧，来帮助我们快速地把大脑盖子合上。

积极暂停，隔离降火法

> 一个内在的、价值无量的人生技能就是让孩子知道"冷静期"的价值。
>
> ——简·尼尔森

有一次我去一个邻居家玩，他们家有一个小男孩，那时才5岁。在玩耍的过程中，这个孩子把桌子上的杯子碰掉了，还好，没有摔碎。不过他妈妈很生气，告诉他："要小心点，都说过很多次了，不能在餐桌旁玩耍。"

这个小男孩没有听妈妈的话，继续在餐桌旁边玩，还说他妈妈很烦。这时妈妈就更生气了，把他拉过来，警告他。孩子好像也很生气，嘴里说"坏妈妈"。

妈妈说:"去给我墙边站着反省反省。"

小男孩当然不去,妈妈就很严肃地命令他过去。孩子只好去站墙边了。

他站在那里,噘着嘴,很不满意。1分钟不到,这孩子哇地哭起来了。

妈妈说:"这孩子犟得很,快烦死我了,就不能给他好脸色。"

一边说,还一边命令孩子:"你给我站好了!"

孩子站了5分钟,先是委屈地哭,然后是愤怒地瞪着妈妈。反省了吗?我看不太可能。

其实这样的场景特别司空见惯,罚站是我们常用的教育手段。

不知道你有没让孩子罚站过,很多家长和老师会用到罚站这个方法。特别是在一些学校里,教室常常会设置一个淘气角或者冷静椅,孩子调皮捣蛋了,就会让他到那里去反省。

我就有听过豆宝给我讲,今天谁谁谁调皮捣蛋,老师让他坐角落里了。

这样做有用吗?也有,也许当时是有点作用的。可是,孩子站在那里的时候,他内心的感受是怎么样的呢?

我们可以把自己当作孩子,去体会一下,是不是有羞辱感?是不是有委屈和愤怒?是不是在想以后怎么对付老师,或者怎么做不让老师发现?

是的,当我们站在那里时,内心是很难受的。罚站,是以牺牲孩子的自尊心为代价的,从教育的长期效果来看,没有积极作用。

我们既要让孩子暂停他的偏差行为，同时也要保证孩子不受伤害，这才是积极有效的教育方式。

正面管教里有一个工具，叫作积极的暂停。我们可以设置一个角落，即暂停区，跟孩子一起把它布置成孩子喜欢的样子，并且给这个角落取一个特别的名字。一旦孩子有负面情绪，可以邀请孩子到那里休息一下，冷静一下。

这样，暂停就起到了积极作用，对孩子有正向的引导。这时候孩子的情绪可以逐渐平静，从而避免亲子冲突。

关于设置暂停区，简·尼尔森博士还著有一本绘本，名字叫《杰瑞的冷静太空》。不妨买回来跟孩子一起亲子阅读。

绘本大概内容是：小男孩杰瑞因为摔了一跤，打碎了自己为爸爸生日做的陶碗，回到家后很生气，又摔门又踢椅子的，大发脾气。在妈妈的引导下，杰瑞建立了自己的"冷静太空"，学会了管理自己负面情绪的方法。

这本书里面详细描述了孩子生气、妈妈引导、建立冷静区域的过程，对我们非常有借鉴意义。我们从中可以看到孩子的情绪是什么样的，妈妈怎么说的怎么做的，孩子怎么说的怎么做的，完全可以照搬来用。

在这样的措施下，孩子不但气消了，还懂得了如何做可以更好地管理自己的情绪。这比罚站要好多了。

不过，我们经常会听到爸爸妈妈们的质疑：这不是在鼓励孩子犯错吗？犯了错还那么舒服，怎么吸取教训啊？

有这样的疑问也很正常，我们用惯了惩罚的方式，对这种积极正面的方式难免生疑，用起来可能也不顺手。

但尝试过的家长和孩子都说很好。我们不妨从自己开始用起。

我记得张宏武老师（正面管教高级导师，《杰瑞的冷静太空》译者）曾讲过：他们家的暂停区，第一个用的人就是她。当她很生气地跟女儿说话的时候，女儿跟她说："妈妈，你应该去暂停区休息一下。"张老师立马意识到自己的言行不妥，马上就去暂停区了。

她讲这个故事的时候，我们都哈哈大笑，觉得太好玩了。

今天我们说积极暂停，不是仅仅告诉你怎么去让孩子暂停，我们自己更应该学会及时调整、及时觉察、及时纠偏。

当我们的言行出现不妥的时候，尤其是孩子指出我们的问题时，我们要去反省，不要碍于家长的面子不知悔改。要找一个让自己舒服的地方，平复情绪，调整状态，积极面对；而不是去吼孩子，拿着孩子撒气，让孩子承受我们的情绪垃圾。当我们情绪稳定、勇于面对错误时，孩子也会以我们为典范，心服口服。

我记得曾经看过一幅漫画，画面上是一个妈妈怒火冲天地在打一个孩子，配文是：多数家长揍孩子，根本不是为了教育，就是为了解解气。

虽然这话说得不太好听，可能很多家长也不认同，但事实就是如此。可能我们压根就没意识到，我们不是在教育孩子，而是在宣泄自己的情绪，并且是对着比我们弱小的对象。

无论孩子做了什么，我们先发火的行为肯定是不对的。即便你觉得不朝"熊孩子"发顿火，他根本就不会听话，吼他一顿很管用，这都不是一个正确的方式。

你朝孩子发火，孩子首先学会的是什么呢？那就是可以对别人发火。并且，当你朝孩子发火的时候，孩子立即就会不自觉地调动全身来保护自己，大脑盖子也是打开的，不会理智地听你的"教育"。

收拾一顿，长长记性，这都是饮鸩止渴。

只有我们自己先冷静下来，做出榜样和示范，孩子才能冷静下来，好好听你的教诲。

积极暂停，就像在我们和孩子之间筑了一道防火墙，让我们的情绪伤不到孩子。我们情绪出现问题时，先自我隔离一下，别"传染"给孩子，对彼此都好。

不妨在家里找出一个区域，跟孩子一起建立一个"冷静太空"或者"秘密花园""公主城堡"，让我们激烈的情绪有一个稳妥而安全的缓冲区，亲子之间会更融洽。

愤怒选择轮,找一个情绪出口

> 建立选择轮的时候一定要让孩子参与,参与能让孩子感觉到归属感、价值感和能力,同时也会让孩子更有动力去执行。
>
> ——简·尼尔森

当你愤怒的时候,你会怎么表达?是"河东狮吼",还是"忍者神龟"?或者直接上手摔东西?

都有可能,是不是?当怒火中烧的时候,我们往往会瞬间爆发,就像一个火药桶,已经被点燃,内里压强突破了外在的包裹和束缚。这时候,大脑盖子已经开得很大很大了,只剩下自我保护的本能。

也有一些人是隐而不发的,即使他们生气、愤怒,都不表现出来,或者在众人面前不表现出来。而这样，很容易憋出"内伤"。

以上两种表达方式，都不是好的方式。一个是伤害他人，一个是伤害自己。

我们常说，情绪没有好坏，但是行为有恰与不恰当之分。比如你很生气的时候，你可以去暂停区，但是不能摔东西、打人。不管我们有什么样的情绪，对由此而引发的行为都要做一些约束。伤人伤己，都不可取。

上一节中，我们介绍了一个正面管教的工具——做一个暂停区。这一节，我们再学习一个工具——选择轮。

不知道大家是否玩过那种转盘抽奖的游戏，尤其是在一些商场做活动时，我们常常会看见门口竖一个大转盘，上面标有各种奖品，让客人们转动，指针停下来的时候，所指即所得。

我玩过这种游戏，很好玩。我也带豆宝玩过。很多孩子都喜欢，游戏因为结果未知而充满了挑战的乐趣，还有意外的惊喜。

今天我们介绍的这个选择轮，就是这样的玩法。让我们的情绪通过游戏的方式，来得到疏解，同时给予自己一个正向的"奖励"。并且，这个游戏老少皆宜。所以，我们可以和孩子一起来制作选择轮。

首先，找一个纸板，剪成一个圆形；如果上面可以写字，就直接在上面分格，如果不能写字，可以在上面贴上一张白纸，然后分格。把圆分成若干等份，4至10份都可以，太多太少都不好玩。然后在圆上面做一个指针，材料和做法可以自行决定。

这个过程，也是一段亲子互动时光，可以和孩子同心同力地合作。

如果实在没时间动手制作，也可以在网上买现成的。关键是下面这些步骤，最为重要。

转盘做好后，两人或者全家一起来商议。大家头脑风暴，献计献策，看看在愤怒的时候，可以做些什么让情绪得到缓解，让大脑盖子早点合上，回归到理智，聚焦于解决问题。

不过这里还有一个前提条件，那就是在大家都心平气和或者心情很好的时候来做这件事。不然可能会有一些惩罚性或者不合理的方案出来。

头脑风暴的时候，不要分对错、好坏、合适不合适，只要能想出来的，都先记录下来。哪怕孩子说出"把妈妈打一顿"这样的话，都先记录下来。

想得差不多了，再进行筛选。那些明显不行、做不到的，就要划掉。留下可行的建设性的方案，写到转盘上去。比如到走廊里跳几下、打枕头、打沙袋、爬楼梯、把自己关在房间大吼几声、听音乐、看电影、出门跑步，等等，都是可以的。

下次再有愤怒情绪的时候，我们就可以把转盘拿出来转一转，看看能中到什么"奖"。

因为新冠肺炎疫情不能出门的那几个月，我就跟豆宝玩过这个转盘。当她因不被允许做一些事情而生气的时候，我就会让她拿出选择轮选一下，这时候不但转移了注意力，还找到了疏解情绪的办法。

那个选择轮是我们俩一起做的，那时她还不会写字，选项是她画上去的。所以每次用的时候，她也很乐意配合。这样一来就避免了正面冲突，减少愤怒的破坏性。

不管是亲子之间还是夫妻之间，以及和其他人之间，都可以用到这些方法。

我们常常会发现，愤怒往往是最容易让人冲昏头脑、做出傻事的情绪。很多极端事件，就是在这样的情绪中发生的。处理好愤怒的情绪，不但关乎心理健康，还关乎生命安全。因为愤怒把孩子打伤打死的事件，每年都有。我们一定引以为戒。

除了选择轮，我们还可以发挥聪明才智，做各种形式的尝试。比如有人做了"愤怒宝盒"，把可实施的建议写到纸条上，放进盒子里面，要用的时候去盒子里抓阄。

管理好愤怒，就管理好了一头情绪"怪兽"，让它为我们服务。

私人逻辑：找到你的情绪内核

> 我们要接纳他人的私人逻辑，同时也要接纳自己的私人逻辑。
>
> ——阿德勒

前面说到，我们的大脑盖子最容易打开的时候是饿了、困了、累了等身体需要休息调整的时候。那为什么有时候我们并没有觉得饿困累，身体也没什么不适，也发脾气?

那是因为我们被按了某个心理按钮，"情绪小怪兽"出笼了。这个按钮，就是导火索。而我们平时并看不到它，只有被碰触了，才能感知到它的存在和威力。

它，就是我们的私人逻辑。

阿德勒认为，人从一出生开始，就为了某种目的而活着。我是谁？我周围的世界是怎样的？为了生存和发展，我要做什么？

在这个过程中，因为每个人的生活环境不同，对同样的事情就会有不一样的认知。比如一个被爱的孩子，他就会觉得我是重要的、这个世界是友好的；一个被嫌弃的孩子，他就会认为我是不重要的、这个世界是恐怖的。

基于对周围世界的感知、诠释，我们就有了对这个世界的信念，然后做出不同的行为加以应对。这，就是私人逻辑。

比如考试来了，我们会感到紧张，因为我们认为考试会影响我们后面的生活，所以我们决定要好好复习，努力考出好成绩。

而感知、诠释、信念和决定，这四个方面又相互影响，并相互作用。

每个人都有自己的私人逻辑：对待一件事情的感觉不同，诠释就不同，对这件事情的信念也不同，做出的决定就不同。

还以考试举例，有些人就不紧张，他们觉得考试没有什么大不了的，也不会影响到自己以后的生活，无所谓，复不复习无关紧要，考试前一天晚上还在打游戏。

我们的私人逻辑，来自我们的生活经历和经验。这些经历、经验从出生就开始了。比如一个面对产后抑郁妈妈的婴儿和一个面对产后母爱满满妈妈的婴儿，他们对这个世界的感受和认知一定是不一样的。

讲个故事：

上学的时候，我有一个女同学，她从来不留长发，也不穿裙子，常常打扮得像个男孩子。她好像不知道什么是女性美一样，做事也是大大咧咧的，很豪爽。就是人常说的"假小子"类型。

后来得知，她是家里的老二，曾经被送给姨妈抚养。她之所以被送人，是因为她的弟弟出生了，家里养活不了三个孩子。

从小，她就认为只有男孩才会被重视，自己打扮成男孩子的样子，才能得到爸爸妈妈的爱。所以，她就表现出一副"假小子"的状态，坚强勇敢，不表露情绪，学习成绩非常好。

在她的认知里，女生是弱的，是不被重视的。

而这些，她自己并未意识到，她只觉得自己留短发、穿裤装让自己很舒服，不喜欢娇弱的状态，她觉得自己就是这样的人，天生的。岂不知，是因为她的经历带给了她这些状态。

出于个人生活经验及对这些经验的认识而形成的私人逻辑，往往是无意识的，甚至会把这些个人的信念视为普遍真理。比如有些女性朋友会认为"男人没有一个好东西"，就是这样的道理。

当我们认为我们是对的时候，我们说的做的没有问题的时候，我们就会对别人所说所做产生怀疑、对抗或者无视、贬损。我们这时候就看不到其实别人也是有道理的，别人可能也是对的，站到别人的立场上，也是真理。

对于你来说，你的"私人逻辑"就是真理，是天经地义的事情。同样，对于别人来说，也是如此，他的"私人逻辑"也是真理。

这就是为什么人和人的想法不同的原因。

当我们认为孩子就是要好好学习，孩子的任务就是搞好学习其他事情不用管时，那么，在孩子没有好好学习的时候，我们可能就会暴跳如雷。

当我们认为孩子学习很重要，但习惯、性格也很重要的时候，就不会只盯着孩子的学习看，即便孩子成绩不好，也不会暴跳如雷。

当我们对孩子有情绪的时候，可能就是我们的私人逻辑在起作用。哪怕这时候你的身体并不需要休息，但你的大脑盖子依然会打开。并且往往这个时候更容易打开，你的按钮被触动了，接下来的行为不受你的理智控制了。

不过，一个好消息是，私人逻辑不是一成不变的。它会随着时间、情况、环境等因素的变化而变化，在四个环节中（感知、诠释、信念和决定）只要有一个环节出现变化，就会随之影响另外三个，从而改变结果。

身为父母，我们要善于察觉自己的私人逻辑，并理智面对，以免给孩子带来伤害，影响到孩子的私人逻辑。

平时，我们可以多留意一下那些自认为"理所当然"的事情，往往那就是我们的私人逻辑，是看不见的却极大影响我们的处世"指导原则"。看看我们的理所当然，是不是别人的理所当然，我们的想法是不是别人也同意。

有句话我觉得说得特别好：我们产生情绪更多地不是因为孩子的问题行为而是因为我们内心的自己——受过伤害的，或者是被批判的，或是绝望无助的，或是曾经类似的情境令我们手足无措的……

这些，都会在孩子给我们带来相似场景的时候被激发。

我们厘清了自己，看见和疗愈了自己，才能更好地给予孩子爱。

核心技能 6

修复受损的亲子关系：
忍不住吼了、打了孩子怎么办？

请记住我们要有接受自己不完美的勇气，
你绝对不是唯一的一个不完美的家长。
——简·尼尔森

在上一章中，我们讲了为什么大人会生气、会吼孩子，并且给了不生气的几个妙招。有些家长说："你说得没错，是要忍住，是要积极暂停，可是，我有时候忍不住啊！火一上来就爆发了，连自己都想不到会那样吼。"

是的，我们总有忍不住的时候，而在我们忍不住朝孩子发了一顿脾气后，或者把孩子打一顿之后，往往很后悔、很自责，有时恨不得把自己也揍一顿：我怎么能做这样的事情呢，我这个妈妈或者爸爸当的真不合格。

尤其是看着孩子很委屈，很受伤的时候，其实我们内心也不比孩子好过多少。

怎么办呢？

一定要处理，不能就这样算了。我们知道，任何的打骂，对亲子关系都会造成破坏。而亲子关系是我们培养好孩子的基础，是一切的源头。

假如我们不小心破坏了亲子关系，要及时地去修补。

修复错误的四个步骤

> 要"赢得"孩子,而不是凭着你的力量"赢了"孩子。
>
> ——简·尼尔森

在正面管教的家长课程中,有一个专门指导父母修复亲子关系的工具——从错误中恢复关系的四个步骤。

这四个步骤分别是识别、承担责任、道歉和解、找出解决办法。我们来一一说一下:

第一步是识别,也就是我们要意识到自己所犯的错误,以及所做的无效努力。这个似乎没什么可说的,犯了错误肯定自己知道啊,识别什么?其实并不是这样,在很多父母看来,打骂孩子都是因为孩子不听话、孩子犯错了，打骂孩子是对孩子的教育，这有什么错？

尤其是在咱们中国，自古以来，父母都是高高在上的，父母是没错的，做什么事情都是为孩子好。一句"我这是为了你好"，就把父母的罪过免了。

事实上，我们在教育孩子过程中，可能犯了很多错，我们连知道都不知道。所以，识别很重要。打骂孩子，朝孩子吼叫，这就是错误的做法，一定要意识到，这种方式是不对的，是会给孩子造成伤害的。尤其要意识到，如果我们的方式方法是无效的，就不要再继续下去了。我们常常会对孩子说："给你说了一百遍了，怎么就是记不住？"都一百遍了还记不住，显然这个方法是无效的，要换新方法了，可是我们会不知不觉地陷在旧方法旧模式里，毫无用处。

只有你意识到了，才可能去做好处理。简·尼尔森博士说："坦然地说'我犯了一个错误'这很重要。"

意识到了，我们就要承担责任，这是第二步。即便是孩子错了，我们朝孩子打骂也不对，起码我们做了一个错误的示范，就是对别人的错误可以采取打骂的方式解决。我们要承担自己的那一份责任。

怎么承担自己的责任，那就是要告诉孩子你的具体错误，比如说："我朝你大吼大叫这是不对的，我应该告诉你我的感受。"对你的所作所为进行描述，而不是责备和归咎。是的，我们不是在责备自己，而是承担起责任。

第三步，道歉和解。要向孩子说对不起，告诉孩子："我为对你的不尊重而给你带来的伤害道歉！"从而跟孩子达成和解，解开亲子关系中的疙瘩。

其实，只要我们诚恳地跟孩子道歉，孩子是很容易原谅我们的。每个孩子天生都最爱自己的父母，尤其是低龄的孩子，爸爸妈妈就是他们的天。有句话说："对于世界而言，你是一个人；但是对于某个人，你是他的全世界。"我们就是孩子的整个世界，所以我们一定要为自己犯的错误道歉，要让孩子感受到爱和安全。

道歉完了就结束了吗？不。道歉了，和解了，我们还要约定：如果下一次再出现类似的事情，我们应该怎么处理？怎么避免重蹈覆辙？

这就是第四步——找出解决办法。我们可以和孩子头脑风暴，想出法子，达成协议，以便下次出现类似问题，双方都可以用彼此尊重且有效的方式来面对。

比如孩子早起磨蹭，导致你上班迟到了，这个月的全勤奖没了，你对孩子大吼一通。一想到你对全勤的努力被孩子毁掉，就气不打一处来，恨不得揍他一顿。

但是生气以后呢？下次怎么办？这就需要我们跟孩子一起协商，想出对策，下次怎么做才能早起不磨蹭，孩子如何做，我们自己如何做，各自都为自己负责。比如我们可以和孩子一起分分"责任的饼"，对于磨蹭这件事，孩子的责任是按时起床，妈妈的责任是提醒；至于怎么按时起床，咱们前面说过了，这里就不啰唆了。

讲一个我和豆宝的小故事：

有一次，豆宝把自己心爱的玻璃八音盒摔烂了，她很生气，朝我发脾气。等她情绪平复的时候，我跟她说："你知道你的八音盒为什么会摔碎了吗？因为你放在了桌子边上，很容易就掉下来了。但是你却对我发脾气，我觉得很不好。我觉得咱们应该画画'责任的饼'。"

她一听"画饼"，顿时笑起来了，因为这对她来说是个很新鲜的说法。我跟她解释，爸爸有提醒你的责任，你有自己保护好自己东西的责任。我们都有过错，你不能朝我发脾气，你觉得呢？

她点点头，似乎明白了点。从那以后，我时常会在出现矛盾的时候告诉她"画饼"的事情，哪怕在她很生气的情况下，我只要一说"来，咱们画画责任的饼"，她就开心地配合起来。

找到解决之道，在错误发生后及时想出应对策略，才会有更多一劳永逸的机会。不能发完脾气就完事了，不总结经验教训，下次可能还会犯。

我们都不是完美的父母，都是普通的人，都会有忍不住发脾气的时候，但是犯了这样的错误一定要及时纠正，不要让它成为亲子之间的疙瘩和障碍。

不过，我们一定要记住，尽量少犯吼叫、打骂的错误，因为任何一次对孩子的不尊重，都会在孩子心灵上留下痕迹，很难擦掉。

纠正之前先联结

> 如果我们能时刻问自己,"我这样做是在给予孩子力量,还是在挫伤他们"?我们在对待孩子时就会更有效。
>
> ——简·尼尔森

我曾写过豆宝的一件事,这件事现在想来仍让我觉得很典型。

有一天,豆宝在一个她从来没打开过的抽屉里,发现了一个盒子,打开盒子一看,里面放的都是首饰,有妈妈的,也有她的。她拿出一个类似额头链的小链子,兴奋地跟妈妈说:"妈妈,你猜我发现了什么宝贝?"

说的时候还把手放到背后,一脸欣喜。还没等妈妈回应,她就把手伸出去了，高兴地让妈妈看她手上的东西。结果……妈妈"爆"了，大声地训斥她："你又翻我的柜子了吧？谁让你拿出来的？东西都被你搞乱了！"

豆宝顿时一脸懵，心情也是一下子"晴转多云"，马上要"下雨"了。继而来到我身边，跟我说："我觉得我一点也不珍贵。"

我们都视孩子为珍宝，但我们的言行常常让孩子感觉到：我是被嫌弃的，是颗弃珠。尤其是在孩子犯错误的时候，或者闯祸的时候。

在我们的暴躁之下，孩子能改正他的错误吗？不能。因为他这时候的注意力全在怎么才能不挨打不挨骂上，在应付危机，而不是在思考下次怎么避免错误。有时候，孩子可能根本没意识到自己犯错了。

就像豆宝在上述这件事中，她知道自己犯错了吗？没有。豆妈错了吗？也说不上。她只不过想让孩子别给自己添那么多麻烦。

假如妈妈不是采用粗暴的态度呢？换种方式跟孩子沟通，孩子还会说自己不珍贵吗？

比如我的第一反应肯定是："哇，这是什么神奇的宝贝？你在哪里找到的？"让孩子表达完自己的喜悦心情，再告诉她："不能随便翻妈妈的柜子，你翻乱了我还需要收拾。"

这样交流引导是不是就好多了？我们后面说的话她也乐意听了。因为这个时候，你跟她有情感的联结，彼此有共鸣，心是靠近的。

其实无论是什么情况，心靠近了，事情就好办了。关系好了，问题就好解决多了。

前面我们也讲过，关系是第一位的，孩子一切的优良品质或者好习惯，都是在良好的亲子关系中产生的。

恶劣的关系，没有联结的简单粗暴，基本不可能让孩子把事情做好。我们平时所见的那些所谓"坏孩子"，你走近了就会发现，他们跟爸爸妈妈的关系都不好。

我们想让孩子知错就改，想让孩子不做给自己带来麻烦的事，想让孩子省心优秀，首先就得跟孩子进行联结，走进孩子的心，孩子才能接受你的教导。

就算是有些事情你不想让孩子做，你去阻止他，也要先跟孩子联结，才能有更好的效果。

比如我们常见的买玩具问题，家里一大堆了，孩子还是一到玩具店就动不了脚，非常想买一个。这时候如果我们硬把孩子拉走，孩子可能会直接就地撒泼打滚；如果我们把孩子训斥一顿，孩子可能会觉得非常委屈，觉得你不爱他；如果你跟他讲大道理，他可能根本不听。

那么，我们该怎么做？首先要肯定孩子想要玩具的迫切心情，告诉他妈妈知道了，然后跟孩子表达你对他的理解和爱，最后再拒绝孩子的行为。只有孩子感受到我们的爱了，他才不会继续无理取闹。拒绝也是要讲究技术的。

还有我们最关注的学习问题，也是一样的道理。作业没做好，你是把孩子狠批一顿，还是跟孩子一起找原因？孩子成绩没考好，你是先体会他的失落心情，还是回来就骂他不好好学习？

不管是作业还是考试，如果成绩不理想，我们先要做的事情就是跟孩子联结，感受孩子的内心，了解究竟是什么原因导致了这样的结果。

不分青红皂白地训斥和责骂，只会让孩子的学习越来越糟。

豆宝上小学后，我也越来越多地关注到她的作业问题。我会发现，有一些情况下，孩子就是不能好好做作业，比如累了困了，作业有难度，或者是没玩够，都会导致她在做作业的时候状态不好。

这时候，我一般会让她暂停，先不做了。然后问问她原因是什么，心里怎么想的，再一起商量一下，怎么顺利地做完作业，是要先休息一会儿，还是需要爸爸的帮助。

所以，我很少遇到孩子磨蹭、对抗这些情况；我也尽量不管她做作业的事情，除非是她需要帮助。

亲子之间，也跟我们在生活中与其他人之间一样，关系好了，什么都好了。所谓"咱俩关系铁，搞啥都好说"，就是这样的道理。

研究也发现，那些成绩好的孩子，表现优秀的孩子，跟父母的关系都比较好；基本没听说哪个高考状元是跟爸爸妈妈对着干才干出好成绩的。

亲子关系，是孩子人生的底色；孩子跟父母之间的关系怎么样，他跟这个世界的关系就怎么样。心理学研究发现，我们跟父母的关系就是我们跟他人、跟世界的关系的缩影。

怎么搞好亲子关系？联结彼此的心。尤其是在孩子犯错或闯祸的时候，尤其是你吼了骂了孩子的时候，都是进行联结的好机会。

特别时光：为情感账户存款

> 父母能为孩子做得最令人鼓舞的事情之一，就是定期按计划陪孩子享受特别时光。
>
> ——简·尼尔森

有一天，我遇到一位邻居家的小女孩和她爸爸，她老远就跟我打招呼："叔叔好！"

我有点奇怪，这孩子今天这么热情呢，平时不这样啊，看来心情不错。我问她："今天这么开心啊，跟爸爸去哪里啊？"

小女孩高兴地说："我们要去钓鱼，就我们两个人！"

原来如此，怪不得这么开心。这样一说，我才注意到，确实是很少见到她爸爸带她出去玩。看来孩子期待爸爸陪着玩已经很久了。

当我们抽出时间，专门陪伴孩子玩耍的时候，尤其是进行户外活动的时候，孩子别提有多开心了，有的孩子可能还激动不已，终于找到跟爸爸或者妈妈单独在一起的时候了。

这就是一段特别时光，因为它跟平时不一样。这一段时光，在孩子的记忆当中，能储存良久，甚至能陪伴孩子一生，化作人生的动力。

我们也可以回忆一下我们小时候，那些跟爸爸妈妈在一起的日子，哪些给你留下了深刻印象呢？其实都是这样温暖的时刻，短短的时光，却迸发着暖心的力量。

这样的时刻越多，我们记忆里的温暖片段就越多。

所以，身为父母，我们要多多给孩子这样虽短暂但很快乐的时光。孩子每有一段这样的时光，就像情感"银行"里又多了一笔"存款"，精神财富又增加了。尤其在这个人人都忙碌奔跑的当下社会中，这样的时刻更是弥足珍贵。

现在的父母真的是非常非常忙，焦虑驱使着我们甚至不敢停下来，忙上班，忙挣钱，忙各种业务、项目，给孩子的时间非常少。在很多家庭，孩子大部分时间都由老人来带，甚至全天24小时都是老人带着。"父母双全的孤儿"现象很常见。

即便我们每天回家，总能见着孩子，我们也不一定能陪伴孩子。因为劳累了一天，一回到家就想"休息"，没有精力再陪孩子玩耍。而且，现在的很多工作，根本不分时间、地点，24小时都是待机状态，可能随时有事情需要处理，就没法好好陪一陪孩子。

越是这样，我们就越需要计划一些"特别时光"，不然，孩子一眨眼长大了，他的情感"银行"里"存款"会很少。心"穷"，比身穷更可怕。身穷，给一件衣服就觉得很暖和；心"穷"，身披裘皮都感冰凉。

所以，从现在开始，多跟孩子一起营造一些"特别时光"吧。

特别时光，一定要让它特别起来，有些特别事项，我们需要特别注意。

1. 要全身心投入

陪伴，不是光陪着就行了，你还要是孩子的伴儿，一起玩耍，一起活动。孩子搭积木，你在旁边刷手机，这不叫陪伴。你跟孩子一起搭，跟孩子一起想造型，跟孩子一起垒高高，这才是陪伴。特别时光里，请把手机放下，把工作的事、家务的事都先丢到一边。这样孩子才能切实地感受到你在他身边，你爱他。

前几天，有一位妈妈跟我讲："女儿说'妈妈不爱我'，这让我很诧异，我也没做什么啊，就是看手机多一些，因为我有很多事情要处理，非常忙的时候她说什么我都没听见，甚至说几遍我都没听见。难道这也给孩子造成影响了吗？"

的确能给孩子带来影响，当你忙碌得顾不上孩子的时候，孩子哪里能感受到你是爱他的呢？在特别时光里，更不应该带着手机工作。不然，孩子还会感觉你言而无信。

我曾经听过一位爸爸讲了这样一件事：

每天睡觉前，他都会跟孩子读故事，有一次，他在跟孩子读故事的时候，手机响了，他就去接了。这一接不打紧，因为工作上的事情，跟对方沟通了很久，孩子中间有叫过他几次，他都没法挂掉电话。等他接完电话回来，孩子已经抱着书睡着了。

他看到孩子的样子，感觉特别的愧疚。孩子在等待中睡着了，这件事让他以后再也不在跟孩子读故事的时候接电话了。

还有一位妈妈，她曾经跟我讲：因为夫妻俩上班都非常忙，每天回来的也很晚，陪孩子的时间非常少；于是她和孩子爸爸达成协议，下班回到家后，手机一律关闭，放进抽屉里，等孩子睡了再开机。

我真心觉得，这样的爸爸妈妈才是真的爱孩子。

我们工作的时间还有很多，而孩子需要父母陪伴的时间却很短暂，少则五年，多则十来年，以后你再想好好跟孩子在一起，可能他已经不需要你了。而特别时光就更短，如果我们还想着电话中的事情，我们的时间又给了电话那头的人，陪伴孩子的注意力也会分散，孩子会满意吗？当然不会。

我们要保证在跟孩子相处的特别时光中，做到完全地不被打扰，全身心地投入，去陪伴孩子。这样，孩子才能够感受到你对他的关注以及关心，有助于孩子形成一个较好的安全感以及归属感。

2．在多子女家庭中，要注意分别给到每一个孩子特别时光

随着二孩家庭越来越多，两个宝贝争宠也成了我们茶余饭后的热门话题。每个孩子都希望妈妈爸爸陪伴自己多一些。怎么办呢？建议分别给两个或者多个孩子特别时光，比如说在和大宝的特别时光中，那你就只专心的跟大宝在一起，二宝先到另外的地方去。

被誉为"亚洲故事大王"的张爸爸，曾经讲过他陪伴两个孩子的故事：每周都会单独地跟某个孩子在一起，或者读书，或者去散步，或

者做游戏,有时候带一个孩子出去的时候,还会跟另一个孩子开玩笑说"我们走了,没你的事儿"。两个孩子跟他的关系都特别好,孩子青春期的时候,他都没感受到孩子的叛逆。

分别给予特别时光,彼此就不会相互嫉妒或者羡慕,因为孩子们知道爸爸妈妈会有时间来陪伴自己的。这会让每个孩子都感受到他是被父母重视的、被关怀的,孩子也能够从中体会到爱和价值感。

3. 要注意每个年龄段的孩子所需要的最少的特别时光,一定要给到

2岁到6岁,每天至少有10分钟跟孩子认真地在一起;7岁到12岁,每周最少30分钟特别时光;13岁以上,每月至少一次特别时光。

此外,13岁以上的孩子,在特别时光里,尽量跟孩子聊一些轻松、有趣的话题,做一些双方都感觉好玩的事情或者让彼此都能感到被尊重的事情。大家都知道,青春期的孩子很叛逆,跟父母的关系一般都不太好,常常关上门不交流不沟通。所以,我们在特别时光里,沟通时还要注意做到"四不":不否定、不批评、不打击、不评判。保证交流顺利进行。

跟孩子共度特别时光,是修复亲子关系的一大利器。

爱之杯：更好地爱自己，才能更好地爱孩子

> 要有不完美的勇气，毕竟人无完人。
>
> ——简·尼尔森

有一天，我去送豆宝上学的路上，听到一位妈妈边走边数落女儿："让你快点，利索点，你看你都这么大了还让妈妈操心，妈妈忙完你才能回家收拾自己。"

这话一听，就感觉是在抱怨女儿：都是因为你，妈妈才搞成这个鬼样子。

作为一个外人，我都有这样的感受。更别说是那个小女孩了。

我们常常是这样，抱怨孩子耽搁了自己的事情，或者是给自己带来了麻烦，甚至有人跟孩子说：都是因为你爸爸妈妈才这么累，这么

操心。

其实，这些都是借口。没有孩子，你一样是如此的生活状态。不要"甩锅"给孩子，要从自身寻找原因，我们有没有让自己更舒服的生活方式，或者在当下的生活中，能不能做一些小小的改变，让自己更好？

与其每天对孩子苦口婆心、耳提面命，不如把精力用在自己身上，为孩子树立一个标杆。当你爱自己了，自己舒心、快乐、能量满满。孩子也会跟着幸福。一个每天面对愁眉苦脸的妈妈的孩子，和一个每天面对和颜悦色的妈妈的孩子，肯定是不一样的。

正面管教家长课程中，有一个活动叫作"爱之杯"。我们每个人刚开始都有满满的爱，每遇到一件事我们就要付出我们的爱。比如孩子早上把牛奶弄洒了，你没有批评他，你付出了爱；上午同事把事情搞砸了，牵连到了你，你没有发火而是帮忙想办法，你付出了爱；下午你老公让你帮忙去他公司送东西，他要加班，你没有抱怨，你付出了爱。

到了晚上，你会感觉到，自己已经没有耐心了，爱也不够用了。这一天，你的"杯子"几乎被倒空了。你忍不住要对孩子发飙了，假如这个时候孩子在写作业上出现问题，你就可能会失控。

这个时候怎么办，要先让自己休息一下，做些轻松的、自己喜欢的事情，为自己的"爱之杯"加能量。就不要去盯着孩子的作业了。

自己休息好了，再去看孩子的作业，你也没那么大火气了。就像早上他弄洒了牛奶一样，把孩子的错误看作孩子学习的好机会。哪怕没有时间给孩子辅导作业，孩子受到了老师的批评，你都不会很着急，因为你"爱之杯"是满的，你可以心平气和地去对待这一切。

反之，两败俱伤。而这，不是我们想要的结果。

再说回开头提到的那对母女。由于妈妈语气很不好，充满了抱怨。俩人都很不开心。妈妈在前面走，女儿在后面走，两个人隔开有两三米，女儿明显不愿意跟妈妈一起走。在距离学校一二百米的地方，妈妈停下来说："你自己去吧。"女儿看都没看妈妈一眼，迅速往学校走去。而妈妈，一直站在原地，看着女儿进校门才转身离开。

我们是多么爱孩子，即便如此生气，还是要看着她安安全全地进学校。而孩子走远，头也不回，看都不看你一眼。

我们爱孩子，却常常也在不经意地伤害着孩子。尤其是在我们的"爱之杯"空了的时候，我们会做出让我们自己都惊讶和后悔的举动。这时候，孩子也无法感受到我们的爱。什么恨铁不成钢，孩子压根收不到你这样的好意。

先照顾好自己吧，让自己的"爱之杯"满满的；爱满自溢，这样才能更好地去爱孩子，最受益的也是孩子。

兜里没钱，是掏不出来的；"杯"里没爱，也是倒不出来的。要先让我们自己"富有"。

核心技能

7

消除拖拉磨蹭：
如何应对孩子的拖拉磨蹭？

教孩子自主，而不是依赖于他人。
——简·尼尔森

孩子的拖拉、磨蹭，是个老生常谈的问题，但我们也会发现，它常谈常新；是养育问题中比较突出的一个，出现频率非常高。

我还发现，大部分孩子的拖拉、磨蹭，主要集中在这些事情——睡觉、起床、吃饭、写作业。而其他方面表现得很正常，几乎没见过哪个孩子去游乐园时磨蹭、买玩具时拖拉。所以，我们就不难发现，孩子的拖拉、磨蹭也是挑事情的。他们这样一挑，我们就知道，其实他们不是真的磨蹭，或许也有一肚子苦水。

这一章，我们就从睡觉、起床、吃饭、写作业这几个方面来分析和解决孩子的拖拉、磨蹭问题。

用有趣的话语来引导孩子进入睡前的准备工作

> 孩子们在睡觉前折腾父母的一个原因是因为他们能感觉到父母这时总是在想摆脱他们。
>
> ——简·尼尔森

经常跟爸爸妈妈们聊天,总会聊到一个话题:你们家孩子晚上几点睡觉啊?往往这个时候,相互吐槽比较多。

"我都烦死了,每天搞到十一二点!"

"我们也是啊,磨磨蹭蹭,不过10点不睡觉。"

"我都困死了他还不睡,恨不得拎起来打一顿。"

"有好几次,我讲故事讲着讲着自己就睡着了,孩子把我拍醒了。不知道精力怎么那么旺盛。"

"我们家的能磨叽到12点,我真是没办法!"

这些话是不是常听到?真是"不磨蹭的孩子都是相似的,磨蹭的孩子各有各的问题"。他们总能搞出一些事情,让睡觉的时间越推越后。

我有一个朋友,实在是受不了孩子的晚睡,熬不住,干脆每天自己先睡,随便孩子玩到什么时候。

明明睡觉的时间到了,为啥还不愿意去睡呢?有的孩子甚至眼皮都打架了,还想再玩会。

其实,孩子磨磨蹭蹭不愿意去睡觉,无非就是这几个原因:

1. 没玩够

对于玩耍,孩子的需求大到要上天。恨不得一天玩上24小时,所以晚上也要接着玩。有小朋友时,一起玩;没有小朋友时,自己玩,反正就是要玩耍。睡觉什么的,等玩够了再说。

所以,在白天,我们尽量要给孩子多的玩耍时间,以免晚上还惦记着。

2. 精力过剩

有些孩子精力特别旺盛,属于充电5分钟能玩5小时的那种,到了该睡觉的时候一点都不困。我邻居家的孩子就是这样的,他妈妈每天都是吃完晚饭还要带他到楼下滑一会儿滑梯,不然他根本不会去睡觉,即便上床了也是翻来覆去,要不就缠着妈妈讲故事。

对于这类孩子,白天要多活动,把精力消耗掉,晚上睡觉的时候才不会闹。当然,带他的大人可能会辛苦一些。

每个孩子都不一样,对于精力旺盛的孩子,我们要接纳他这个特点,不能压制。而且要知道,精力旺盛是孩子长大以后投入学习的基础,你赶上一个精力旺盛的孩子应当感到幸运。催促和打骂对孩子是很残酷的。就像你个子很高，但总让你从一个矮的门经过，每次碰头，你还不能说，说了就打你。想想这是一种什么体验吧。

3. 早睡带不来好的体验

让孩子早点睡，我们大人能体会到好处，孩子可能体会不到。就像我们说不能多吃糖，不能吃生冷的食物，并不能让孩子立即感受到这有什么好，所以他们会不愿意做。早睡也是一样的道理，孩子无法体会。

这点主要集中于上幼儿园之前的孩子，因为他们早上都是自然醒的，睡晚睡早几乎对他们没影响。

大一点的孩子，也会遇到同样的问题。比如孩子的睡觉时间都是大人安排的，孩子没有发言权，孩子同样体会不到早睡有什么好，只不过是在执行爸爸妈妈的任务而已。等孩子到了有独立能力的时候，我们会发现有些孩子常常偷偷躺在被窝里看书、看手机。

体会不到，就很难去做到。

4. 没有时间观念

磨蹭的一个重要原因，就是孩子没有对时间的认识和管理能力。幼儿园的孩子一般没有时间概念，或者时间概念不强，小学三年级之前，大部分孩子是做不到时间管理的。

对于学龄前的孩子，他们做事情都是靠感觉，体验感对于他们很重要，并且，他们的学习很多也是靠体验得来的。所以，我们会发现，这个年龄段的孩子很容易沉浸在一件事情当中，比如长时间地玩积木，跟小伙伴玩得忘记了回家吃饭。

如果这时候你叫他刷牙、洗脸，说该上床睡觉了，他们多半是不配合的，有时候甚至根本没听到你在说什么。这时候孩子是拖拉吗？其实并不是，他们只是沉浸在自己的世界里。

所以，这个时候，我们要提醒孩子，到睡觉的时间了，用有趣的话语来引导孩子进入睡前的准备工作。

比如我们可以说："宝贝，该刷牙洗脸了，你是想像小兔子一样蹦蹦跳跳地去洗手间呢，还是想像大象一样，慢慢地走到洗手间呢？"而不是说："赶紧去刷牙，我数一二三，不收玩具我就给你扔掉了。"

5. 想引起爸爸妈妈的关注

很多家庭里，父母跟孩子相处的时间并不多，因为大人要上班，白天都不在家。如果是工作很忙，需要经常加班的大人，跟孩子在一起的时间就更少了。

而孩子是不能理解我们为什么这么忙碌的，他们的感受可能是爸爸妈妈不愿意陪他们一起玩。

所以，我们会发现，只要一下班回家，孩子就长在你身上了，就是想让你跟他在一起。

尤其是需要多陪伴的孩子，他是不舍得早早睡觉的，还没跟爸爸妈妈待够呢。一天不见了，要父母多看看他、多陪陪他，求关注、求关心。

这个时候，我们尽量放下手中的活，全身心陪伴孩子。比如把手机放到柜子里去，不想工作的事情，家务不着急做，等等；留足够的时间给孩子，让孩子感受到你是在乎他的、爱他的。

和善而坚定地帮助孩子

> 当妈妈不再插手,并且允许孩子自己体验迟到的后果时,孩子才能学会对自己的行为负责。
>
> ——简·尼尔森

说完睡觉,我们来说说起床。这是相辅相成的两件事,也是磨蹭的重灾区。

每天起床叫好几遍的现象,出现在很多家庭里。家长都着急得不得了,孩子还赖在床上不想动,有的甚至眼都不愿意睁。

很简单,孩子没睡好,没睡够,还想再睡会。

其实这很正常,起床本来就是一件需要付出点努力的事情。人都有惰性,不但是孩子,成年人也有很多"起床困难户"。并且,如今的"起床困难户"越来越多了,我们会看到网上有很多吐槽的段子,"不是我不想起,是床,它非拉着我""起不来起不来起不来啦,就再躺会儿吧"……

真是让人哭笑不得。

早上起不来是很正常的一件事,所以我们要客观看待这件事。有时候你自己都做不到早起对不对?如果不是要去上班,谁不想睡到自然醒呢!

所以,不要着急上火,不能以为孩子懒、不上进。给孩子贴标签,这很不好。

养成准点起床的习惯,需要一个长期的过程。在这个过程中,我们可以和善而坚定地帮助孩子,适当地运用一些小技巧。

1. 可以把窗帘提前几分钟打开,改变室内的光线

我们晚间睡觉的时候,一般都是把窗帘拉上的。早起的时候,正好可以用拉开窗帘让亮光进来的方式,改变周围的环境。光线的改变,会影响到睡眠状态,这时候孩子可能还没睁眼,但他能感受到,起床的时间到了。

我每天早上这样做的时候,就会发现孩子有反应,或皱下眉头,或翻个身。这时候,我一般不说话,也不会叫孩子起来。拉开窗帘之后就去忙自己的。给孩子一个缓冲和适应的时间,让她慢慢从睡眠中苏醒过来。

2. 叫孩子起来的时候,轻声叫,或者不出声

我个人是很讨厌那种很大的闹铃声的,也不喜欢被很大声地叫醒。所以我在叫孩子起床的时候,也不会很大声。并且,我发现用这个方法

很有效。

我一般会轻轻亲一下孩子的小脸蛋，小声在她耳边说："起床时间到了，Good Morning。"有时候会用一些小玩具碰碰孩子的鼻子，比如她睡觉时抱着的软软的毛绒玩具，挠挠鼻子、挠挠脸蛋，或者再用玩具的声音告诉孩子："该起床了。"

用一种游戏的方式，让孩子慢慢苏醒。

3. 播放起床音乐

跟孩子协商，找一首音乐作为起床乐，到点播放。当然，音乐不能太吵。不建议选那些特别激昂的音乐，没必要一大早就那么兴奋。让孩子感受清晨柔和的美，开启一天的美好旅程。

4. 用一些App辅助起床

现在的App真是相当丰富，简直想要什么就有什么。帮助起床的当然也有。

有一阵子，我给孩子听一个小节目，那是一个小男孩叫起床的小节目，她很喜欢。只要一打开，她就睁眼了，并且津津有味地听上一段。顺其自然地就起床了。

以上都是我使用过的非常有效的叫醒方式，我相信智慧的你们，会有更多的好方法。

不过也有人说，你这些我都用过，对我家的孩子没用，照样赖着不起，非得给点颜色看看才行。可是，如果每天都需要给孩子点颜色看看，你累不？不但你累，孩子也累。

只要不是睡得特别晚，睡眠特别不足，起床是没那么困难的。在我们叫孩子起床的时候，一定要遵循和善而坚定的原则，避免简单粗暴。

写到这里，我想起来一位老师讲的她跟儿子的故事：

某天早上，她像往常一样叫孩子起床，孩子就是不起，好像睁不开眼的样子。眼看时间一分一秒地流逝了，她都感到着急了。不过这时候她告诉自己要保持淡定，于是她来到孩子身边，问他是不是没睡好，孩子说"是"。

然后老师就跟儿子说："哦，原来是没睡好，我很能理解你这种感受，我没睡好的时候也是不想睁眼。不过现在已经到了起床时间了，为了不迟到，我们还是要起床。你想一想，用什么方法可以起来？或者妈妈可以做些什么帮到你？"

她说：跟儿子说话的时候，内心虽然有些着急，但语气上保持温和，同时也坚定地告诉他，起床时间到了。

儿子听妈妈这么说，想出了一个"金点子"，"妈妈，你来被窝里抱我一分钟。"

哈哈，这是什么方法。不过，妈妈还是按儿子说的，抱了他一分钟。一分钟后，儿子一骨碌爬起来，赶紧去洗漱，准备出门。那个速度之快，让妈妈偷笑。

你看，只要你给孩子适应和准备，孩子也会很积极主动。

我有时候叫豆宝起床，她说不想起，我就会主动告诉她："那你再懒几分钟，我一会儿来叫你。"过一会儿再去叫，她就很快起来了。

我们要允许孩子有犯懒的时候，允许孩子不想起，允许孩子再等一会儿。这都是正常现象，理解和包容，就是给孩子最大的助力。而孩子早上的情绪，可能会影响一天的生活和学习。让孩子一早就有愉悦感，比什么都强。

如果早上我们时间紧张，最好能提前起来准备，避免慌慌张张。

另外，要多多满足孩子的心理需求，有些孩子会专门跟父母作对，就是不起床，可能就是心理需求没被满足。比如没有被尊重，没有被温和对待，爸爸妈妈答应的事情没兑现，都可能会导致孩子拖拉磨蹭。

这时候他不是真磨蹭，而是向你表达抗议。解决了对抗，才能解决磨蹭。

另外，还需要注意一点，不要预判，不要给孩子贴标签。当你不了解孩子的真实情况的时候，不能认为孩子就是懒，就是不上进，不能随随便便给孩子的行为下定义，否则他就给自己定了这个定义。标签好贴不好撕，对孩子影响深远。

培养孩子对时间的认识和管理

> 孩子越能自我照料，就越觉得自己能干，越能受到鼓励。
>
> ——简·尼尔森

先来说说孩子对时间的认识。

对于孩子来说，时间是很难理解的一个概念，特别是对5岁以下的孩子而言，时间没法被感知。因为孩子在七八岁前，主要还是通过对实物的感官体验来认识世界的，看得见、摸得着、听得见、闻得到，这样实实在在的事物才能被孩子所感知。而时间，既看不见，也摸不着，可以听，但那是闹钟的声音。它是一个非常抽象的概念，对于还不具备抽象思维的孩子来说，认识它很困难。

比如我们会看到两三岁的小宝宝，根本分不清楚昨天、今天、明天。昨天去了游乐场，孩子可能会跟其他人说："我明天去了游乐场。"

所以，对于小一点的孩子，我们引导孩子认识时间，最好能通过实物来进行，至少要让孩子看得见。

钟表和沙漏是最常用的工具了，除此之外，还可以用图片、动画等帮助孩子认知时间。不过，即便有这些工具，孩子也不一定能对时间有所感知。必须得等到孩子具备了基本的思维能力，他才能感知到。

发展心理学上有个词叫"时间知觉"，是儿童对客观事物运动的延续性和顺序性的知觉，包括对时间顺序、时间长短、时间点等概念的理解，以及逐渐学会估算时间等能力。

时间知觉的精确性与年龄呈正相关，年龄越大，精确性越高。有研究表明，大约到7岁，儿童才开始利用时间标尺估计时间。

所以，有认识时间的辅助工具，不一定能让孩子认识时间，这是一个渐进的过程，需要时间和等待。

一般来说，3至4岁的孩子，基本能分清一天早、中、晚的顺序；4至5岁的孩子，基本能明白昨天、今天、明天、后天的含义，知道昨晚是在今天早上之前；5至6岁的孩子，能准确使用"先、后、然后、最后、已经、正在、将要"等词汇来描述事件，可分清事情发生的顺序并且能说清事件发生的状态。

当我们的孩子还很小的时候，我们不要着急，着急也没用。

我们可以在生活当中，随时跟孩子做有关时间的引导，比如跟孩子说："我们早上8点要上幼儿园，妈妈会在下午4点去接你。"告诉孩子：

"你看一集《小猪佩奇》的时间是5分钟，看一集《汪汪队立大功》的时间是20分钟。"也可以让孩子观察地面上无声无息移动的阳光、慢慢融化的冰块、种子发芽、一朵花从绽放到凋谢，等等，这些自然现象。让孩子看到时间流逝的痕迹，慢慢感受时间的存在。

也可以和孩子一起玩跟时间相关的游戏，我在网上看到几个小游戏很不错，也跟豆宝一起玩过，在这推荐一下。

比如一分钟可以做什么、一分钟木头人，说说每天做什么，等等，大家可以在网上搜一下，找合适的游戏来跟孩子一起玩。游戏可以让孩子更容易理解时间和生活的关系，以此培养对时间的感知。

下面我们来说说如何培养孩子对时间的管理。

孩子在对时间有认知的基础上，才有可能去对时间进行管理。如果孩子对时间的认知还不能达到一定的高度，那就先不要着急。

我个人认为，对于孩子来说，最有效的时间管理方法，莫过于视觉化。不管是用图表、图片或者思维导图，这些视觉化的呈现，都可以很好地促进孩子对时间的管理。

我们在第二章核心技能2中讲过的日常惯例表，就是一个非常好用的时间管理工具。把要做的事情列出来之后，在每一件事情后面都写上时间节点，非常有秩序，孩子一眼就能看到哪些事情没做，哪些事情已经做了，已经到了什么时间点了。

我们制作日常惯例表的方法，可以翻到核心技能2中看一下，很重要。这里不再多说了。

职场上非常流行的"番茄工作法",也很适合用来跟孩子做时间管理。在孩子写作业或者做其他事情的时候,引导孩子用番茄钟。在每个番茄钟(一般是25分钟)内,专注在当下的事情上,注意力集中地完成事情。

有很多时间管理工具可以利用,智慧的家长们可以多搜索查询一下,找一些适合自己家孩子的工具来使用。

另外说两个注意事项:

第一个,每个人对时间的感知是不一样的,家长的时间感和孩子不同,我们要注意不要用自己的标准来要求孩子。比如你觉得5分钟已经非常非常紧张了,孩子不一定感觉非常紧张。要根据孩子的标准来,或者至少双方达成一致意见,不要搞一言堂。

第二个,有些孩子天生就是慢性子,别人5分钟就能干完的事情,他要10分钟,甚至更长。这是孩子的个性,我们要接纳。如果你不接纳,想方设法改造孩子,只会两败俱伤。尤其是家长个性风风火火、做事很麻利,而孩子慢条斯理、节奏慢,这就很容易产生矛盾。但父母要懂得,孩子的先天气质是无法后天改造的,我们需要完全地接纳孩子本来的样子。

写作业拖拉的四个错误目的

> 如果我们想改变孩子的行为方向，必须先了解孩子行为背后的动机，否则我们几乎难以改变他们的行为。
>
> ——德雷克斯

我有个邻居家的孩子上幼儿园大班，有一次这个邻居告诉我：他家孩子写作业经常是写1小时，有时候甚至要写2小时。吓我一跳，幼儿园怎么就这样了呢？

写作业问题都蔓延到幼儿园孩子和父母身上了，这真是让人有点哭笑不得。并且这种现象还不是个别的，很普遍。而拖拉磨蹭，更是家长们最痛的点。

对于幼儿园的孩子来说，写作业拖拉，我们先要排除一下能力问题。孩子的年龄不到，他在某些方面的能力就会不足。比如一个幼儿园大班的孩子，对他而言写字是很困难的一件事，握笔可能都还不会。我们要求这样的小孩子把字写工整、写好，那是不可能做到的。

对于能力达不到的事情，孩子除了着急，就是罢工，不干了。但是家长或者老师要求他必须做，他只好磨洋工了，这时候我们就觉得是孩子在拖拉，其实不是。

所以，在处理拖拉这件事情上，我们先得看孩子的能力达到没有。要多多观察孩子，看看孩子的能力在哪，然后对症下药。给孩子布置任务的时候，要符合孩子的年龄和能力特点。

如果孩子能力没问题，那么就看一下孩子背后的需求是什么。孩子为什么会拖拉？拖拉能给他带来什么好处？拖拉的目的是什么？这些，我们都需要去探究。

从正面管教的角度来看，孩子的作业问题，背后可能会有这四种目的：

1. 寻求关注

孩子想让你关注他，或者想跟你一起玩，但你没有。你在忙家务或者在刷手机，当你完全沉浸在自己的事情中而忽视孩子的时候，孩子可能就会用不好好做作业来引起你的关注。

尤其是一整天都见不着父母的孩子，他们更想跟爸爸妈妈玩一会儿，而不是写作业。他可能想跟爸爸妈妈聊会儿天，把自己在学校的事情跟父母分享，或者说一说自己的委屈，而这时候如果父母的关注点在作业上而不是孩子本身，孩子就会故意做出一些拖拉行为去引起爸爸妈妈的注意。

无论作业多么重要，都没有孩子重要，所以我们先要去关注孩子，再去关注作业。哪怕跟孩子聊5分钟的天，可能都可以解决孩子拖拉的问题。

2. 寻求权力

在家里什么都是爸爸妈妈说了算，几点写作业，几点上床睡觉，孩子被严格要求。孩子没有发言权、决定权，那么孩子心里就会很不爽，他要自己的权利，可能也会以拖拉作业显示自己的力量。我就不做，看你怎么办？

有次家长课上，有位妈妈说："我家到学校也就十几分钟的路，下午4点半放学，让他5点回到家，然后写作业，他总是慢吞吞的，有时候6点还到不了家。"

问她为什么要孩子5点回家，怎么不让孩子玩一会儿。她说后面还有很多事情的，6点做什么，7点做什么，8点做什么，安排得满满的。

有位爸爸说："我要是你儿子，我也不想快点回家，太不爽了，后面还有那么多事情要做，还得按你的时间点来。"

孩子没有一点自由的时间，什么都是父母安排好的，父母说了算，孩子肯定是不乐意，不情愿跟父母配合。

我们也要给孩子一些权力，让他自己来安排自己的事情，尤其是作业的事情，他自己安排可能比父母安排还高效一些。所以我们在制订计划时可以和孩子商量着来，你觉得把时间排满了就是充分高效，生怕被别人落下。殊不知，"身在曹营心在汉"，孩子一点儿没学进去，还不如听听他的想法，劳逸结合。

3. 报复

当我们做了让孩子很不满意的事情时，孩子也会以拖拉作业的方式报复家长，因为他觉得只有这件事是他可以自主掌控的，便用这个形式故意惹你生气，让你也尝尝他的苦。比如你批评了他，没有理解他的意思就吼了他，他可能就会报复你。

有一次我见到一位妈妈在外面打孩子，小男孩大概七八岁。妈妈一边打一边吼："作业你都不写了，你想上天啊？不教训你一顿你就不知道什么是好！你说，你为什么不写作业？"

小男孩一边哭一边跟妈妈对峙："我就不写，我就是不写！"

妈妈气得又打了他几巴掌，小男孩就是哭，也不说话。妈妈看周围的人都在看他们，拉着孩子回家了。

具体是怎么回事，我也不是很清楚了，但从孩子的言语和表情可以看出，孩子对他妈妈很不满意，他就是故意不写作业来气妈妈的。

报复也是一种很常见的孩子的偏差行为，我们遇到这种事情，一定要先解开孩子的心结，再处理孩子的行为。

4. 自暴自弃

当孩子能力不足，或者没有自信的时候，就容易自暴自弃——不干了，不写了。这时候我们要多多鼓励孩子。

我有一个亲戚家的孩子，十来岁了，学习成绩很差，常常跟他妈妈说："我觉得我很没用，什么都不会，我上到六年级就不上学了吧。"妈妈很苦恼：孩子怎么这样呢？学习不好我们也没怎么批评他啊！作业做着做着就不做了，说自己不会写。

这就是自暴自弃，对于这样的孩子，一定不要打压、嫌弃，学习可以暂时落后一些，没关系，一旦不求上进了会更麻烦。要看到孩子好的地方、进步的地方，给予肯定和鼓励，让孩子看到自己的长处，找回自信心。

孩子写作业拖拉磨蹭，只是表象。背后是什么原因，我们要弄清楚，否则没法有效解决问题。催促、打骂，可能只一时起作用，治标不治本，并且搞得家长和孩子都很烦躁。我们还是要从根源上解决问题，要看到冰山藏在海平面下的那部分。

核心技能 8

优秀父母都和善而坚定：
如何做一个不焦虑、有办法的家长？

> 正面管教是解决当前问题的一种有效而积极的途径。更重要的是，它为我们的孩子提供了一个基础，让他们得以在此基础上继续有效、积极、独立地完善他们的人生。
>
> ——简·尼尔森

在我学习正面管教之前,有一个短语让我特别喜欢:温和而坚定。

我觉得那就是我想成为的样子,我就想做那样的家长。

然而,我并不知道具体如何做。孩子做错了事,我依然会批评她,给她讲道理。虽然我语气并不严厉,看起来很温和,但总觉得哪里不对。

直到学习了正面管教,我才知道我问题出在哪里。

首先是我的认知,我根本没想到"错误是成长的好机会",我只盯着错误看了。然后自己着急,替孩子着急。同时我也不懂得我今天的做法,会对孩子造成什么样的影响,能不能达到我对孩子的预期。

其次是我内心的状态,我是真的相信孩子,尊重而平等地对待孩子,还是想控制孩子?我都没想过。

和善而坚定,不吼不急,这两个被说泛滥了的词,其实很难做到。

今天我们就来学习两种方法,帮助我们做和善而坚定、不吼不急的家长。

你期待孩子将来成为一个什么样的人

> 环境所产生的坏的影响最终导致孩子犯下错误。
>
> ——阿德勒

咱们中国有句俗语:"望子成龙,望女成凤。"

好像每个做家长的,都渴望自己的孩子在将来能成为人中龙凤,出人头地。或者再加一个词——光耀门楣。

我们对孩子有着殷切的期待,希望他的未来光辉灿烂。

同时,我们也会发现,这些说法在慢慢消失,年轻的家长们很少用到这些词了。他们更希望孩子能"成为更好的自己",过好自己的生活。

就连现在压得我们大喘气的房子、车子、票子,在孩子的未来里,都可能不是问题了。

所以,你觉得孩子的未来会怎么样?你期待孩子未来是一个什么样的人?

在正面管教的家长课上,我们经常会做一个小活动,并且这个小活动往往会在第一次家长课上来做。

活动叫作关注教育的长期目标。我们的孩子是未来的公民,我们对孩子的培养,如果仅仅关注眼前,那必定是失败的。所以,我们要关注对孩子教育的长期目标。

在这个小活动里,会要求家长们闭上眼睛,跟着讲师的引导语,想象20年后,有一天,你的孩子从外地回来,当你打开门的时候,你希望看到的孩子是什么样的?

我们也可以来体验一下。你不妨先看一遍下面这段提示语,然后闭上眼睛想象一下。

> 让我们找一个舒服的姿势坐好,轻轻地闭上眼睛,做一个深呼吸。现在,让我们想象一下,20年后,你的孩子已经不在家里长期生活了,他在外面上学或者上班。春节到了,孩子告诉你今年他要回家过年,回家的日子一天天近了,终于等到那一天了。当你打开门的时候,你希望看到一个什么样的孩子呢?你希望这个已经长大了的孩子,身上有怎样的品质和技能呢?

慢慢睁开眼睛，把你期待的那个孩子的样子，用一个或者几个词形容一下。

假如你体验的时候有些激动，甚至眼里泛起了泪花，那就让我们自己待一会儿，让激动的情绪慢慢流淌，让我们享受这一刻的感受。

不知道你刚才总结的词语里都有哪些，在我们以往的家长课堂上，大部分家长写的词语是：阳光、自信、健康、快乐、感恩、独立自主、人格健全，等等。

我们会发现一个奇怪的现象，怎么没人写成绩好、名牌大学毕业？更没有人写高官、大款。

我相信你也没想到这两个词，因为我们对孩子是真爱，我们关注的是孩子最基本也最重要的品质和能力，我们希望孩子长大后是一个健康的、阳光的、自信的人。我们所期待的不过是孩子平平安安、健健康康、快快乐乐，哪怕他成人了，我们的希望依然是这样。

我们所期待的这些美好品质和技能，就是我们的长期目标，它就像一个GPS，引领我们到达想去的地方。

遗憾的是，我们的很多家长，没有关注到这一点。我们看到的更多的是今天作业做完了没有、这次考试多少分、听不听话、有没给家长添麻烦。别说未来了，甚至连当下孩子的心情怎么样都不关注，只关注孩子是否完成了学习任务，在学校表现好不好。如果跟人打架了，或者被老师批评了，被叫家长了，后果可能就是一阵狂风暴雨，非打即骂。

有一次，一位妈妈问我："孩子很叛逆怎么办？"

我问她孩子几岁，以为她说的是青春期的孩子，结果她回答："3岁。"

具体是怎么叛逆呢？据她描述：不听大人的话，比如出门让她穿运动鞋，她非要穿公主鞋；吃饭的时候不用筷子，非要用勺子；更气人的是，让她读英语，她死活不张口。

我问她："你想不想让孩子成为一个有主见的人？你说的这些，假如孩子都听你的，你觉得对她自主能力的培养有促进吗？"

说到这，妈妈就不知道怎么接了。因为她的目标和她对孩子当下的要求是不匹配的。

是的，当我们纠结于孩子眼前的一时行为，对孩子的未来极大可能是没有帮助的。

一叶障目不见泰山，我们常常会被孩子眼前偏差行为这片"叶子"挡住视线，看不到孩子的未来，进而做出对孩子未来不利的教育行为。

有一次，一位妈妈打了孩子，很后悔，觉得自己不应该那样做，她跟我说："我也知道打他不好，但是我就是替他着急，很不耐烦，生怕他考不好。"

我问她："为什么怕他考不好？"

她说："他们班只有前10名才能考上好初中，如果现在就落后了，两年后怎么办？"

之后我俩像辩论赛一样对考试好坏的作用进行了分析。她认识到，现在的打骂对孩子未来学习的兴趣和动力的破坏，一时的着急，会埋下以后的隐患。

我们常常会看到家长们更关注考上好学校这件事，于是拼命"鸡娃"，很少去考虑今天的"鸡"会给孩子带来什么样的后果。

北京大学的徐凯文教授研究发现：北大的新生中，有约30%的学生是不喜欢学习的，还有很多学生对未来感到迷茫，不知道生存的意义在哪，其中甚至有不少的学生存在自杀倾向。

如果用不对方法，孩子即便上了名校又如何呢？他能感受到成功吗？能幸福吗？我们所期待的孩子的幸福人生，又在哪里呢？

看到未来，看看你当下的教育行为，是不是对你期待的那个长大的孩子有正面作用，这是很重要的。

我们今天对孩子的教育，是否影响到20年后

> 孩子有自己的个性，所以我们不能用千篇一律的法则来教育大多数的儿童。
>
> ——阿德勒

前面说到，做家长的我们都对孩子有着很高的期待。但今天的教育能否配得上未来的孩子，对孩子的未来是否有帮助，这就值得商榷了。

想想咱们小时候学的那些知识吧，如今还有多少能运用到日常生活中？别说小时候了，就说大学时，你那时候学习到的，现在还有多少是有用的呢？

当然，我们不是否认知识的价值，是要了解知识的更新换代，要与时俱进。就像我们看待如今电脑、手机的更新换代一样，旧的就是要

淘汰。

你大学毕业时用的手机，可能连品牌都一起消失在历史中了。这就是现实。

包括我们的教育，改革一直就没停过。

今年这样考，明年那样考，连教材都在不断升级。如果我们还从自身经历和经验出发，去教育今天的孩子，显然是不合适的。

前些天我看到一篇文章，讨论汉字笔顺的问题，有些字，孩子们现在学的笔顺，跟我们小时候学的不一样。比如火这个字，我们小时候学的先写一点，再写一长撇；而现在孩子学的，是先写两点，再写那个长撇。

如果咱们用小时候学的去指导孩子，那肯定就是错了。

我在群里跟大家讨论这个问题的时候，有妈妈说，她也在这个问题上翻过车，就是这个火字。而我要不是刚好看到那篇文章，我至今都不知道孩子现在学的笔顺，跟我小时候不一样了，知识点更新了。

你看，如果你不继续学习，不更新自己的知识系统，能跟得上孩子吗？

这都还是显而易见的事情，我们清清楚楚看到了。那些教育中我们看不到的摸不着的，还有很多，就像河流里的暗礁一样，说不定哪天就把你的航船撞出个窟窿来。

有一次，我听一位妈妈讲了这么一件事：

在孩子没上学之前，她下定决心以后一定不管孩子写作业的事情。她看不惯现在写作业成了社会问题的现象，她觉得自己小时候父母也没怎么管，不还是学得好好的。但等孩子上了一年级，一切都变了。她不自觉地为孩子的作业操心，总忍不住去看看、管管孩子写作业的事情。有一天晚上，当她又站在孩子背后看孩子写作业的时候，她突然感觉场景很熟悉。自己小时候写作业，妈妈也曾这样默默地站在自己身后啊！现在的自己，怎么成了小时候妈妈的样子？

她感到很震惊，怎么会这样？我明明之前说过不管孩子写作业的，我这是在干什么？

这个故事是我在学习的时候听到的，印象很深刻。很多时候，问题就出现在我们看不见的地方，甚至是我们认为很正确的地方。

如果你提前知道，你默默站在孩子背后看他写作业可能会给他留下深刻印象的话，你还会这样做吗？

所以，我们对今天的教育一定要谨慎。

学校教育的变化，我们还能看得见；而家庭教育的变迁，我们常常看不到。囿于上几代传承下来的那些招数，一定是成全不了当下的孩子的。

我们的教育，尤其是家庭教育，要遵循一个最基本的原则——面向未来。

要时时想一想，孩子今天的这个错误行为，是否对20年后的他有影响？如果有，一起解决问题；如果没有，就随他去吧。

谁的童年不是调皮捣蛋的呢，谁小时候没犯过错呢？

也许你的孩子才3岁，有一天他晚上12点多还没睡觉；有一天他一口饭都没吃，全吃零食了；让他刷牙他还不刷。想想看，这会影响到他

20年后成为一个自信、阳光、健康的人吗？有多少影响呢？

也许你的孩子才5岁，他现在一个字都不认识，数数还数不到100，想想看，这对他20年后又会有多大影响呢？

也许你的孩子已经12岁了，有一天他因为去朋友家玩而忘记了写作业，想想看，这对他20年后会有多大影响呢？

其实啊，当下孩子身上的很多问题，放在20年后再看，根本不是问题。所以，我们还生什么气呢？既然不影响孩子成为一个很好的人，又有什么好顾虑的呢？

在人生的长河中，这些小错误小过失，都仅仅是浪花而已，它影响不到河流的本质，反而点缀了河流的美丽。

现在很多家长也都懂得，未来是一个AI时代，于是给孩子报乐高、编程、机器人等课程，期待孩子能在未来好立足。

那么，我们对孩子的教育，有没有顺时顺势呢？我们有没有实时更新我们的教育理念、方法，以应对孩子的成长、变化呢？

我们教育的是未来的主人，我们今天的教育是助推还是阻力？这值得好好思考。

错误是学习的好机会

> 我们从小得到的教育是要为犯错误而羞愧。其实我们都不完美。我们需要达成的是，要有勇气改变我们对"不完美"的信念。
>
> ——简·尼尔森

现在，让我们来吐槽一下，在养育孩子的过程中，你都遇到过哪些挑战？比如孩子不好好吃饭、不写作业、拖拉磨蹭、说谎、爱哭、畏难，等等。

多少都遇到过吧？我就遇到过孩子畏难的情况，怎么说她都不敢尝试，只想放弃，表现得很胆小。

前几天，我还遇到一个胆小、爱哭的小女孩。都上小学一年级了，跟刚入幼儿园一样，害怕老师，动不动就哭起来了。也不爱跟小朋友一起玩，只站到边上看别人玩。她妈妈就很焦虑，不知道怎么办才好。

其实啊，以上这些问题，90%以上的父母都遇到过。如果没有这些问题，孩子也就不是孩子了。遇到这些问题的时候，如果我们转变一下思路，那将会让我们豁然开朗，柳暗花明又一村。

让我们来对照一下，这些挑战和前面几节我们所说的你期待的20年后孩子的品质，有什么关系？你有什么发现？

我们会发现，其实他们是有着对应关系的，比如不好好吃饭跟健康对应，不写作业跟自律对应，畏难跟勇敢对应。

当我们解决了当下的问题，是不是就发展出了好的品质？是的。

我们每解决一个问题，每纠正一个错误，都是为孩子未来的品质加上一个砝码。

所以，面对孩子的错误、过失或者不听话，我们需要转变一下思路，那就是：呀，机会来了！

不好好吃饭，培养健康饮食的机会来了；不好好写作业，培养自律和自主学习的机会来了；畏难，培养勇气的机会来了。

当我们把孩子的错误看作是学习的机会，我们会不会就心平气和了很多？

比如我前几天遇到了一件事：

晚上陪伴豆宝写作业的时候，发现课文里有句话她怎么都记不住，读了十来遍了，还是背不下来，一到那里就卡壳。她就很生气，气得拍桌子。我看一直"死磕"也不行啊，马上到睡觉时间了。

于是我就劝她明天接着学,今天不会没关系。其实我不止一次发现她有这个情况,就是胶着在困难之中,束手无策但又不想放弃,应对的灵感也用完了,死死耗着。其实这样并不好,我希望她能够灵活一点,学会缓兵之计,同时也有放弃的勇气。

安抚她之后,我跟她简单地讲了一下我的想法,让她尝试明天再接着学。我觉得遇到这样的事情,正好是学习这些道理的时候,所以我很平和地把她从焦躁中拉出来了。

第二天下午一回来,她就在我耳边悄悄念了一句话,我一听,嘿,这不就是昨天晚上不会背诵的那句吗?我很开心地向她表示了祝贺。

我用这样的方式处理问题时,其实孩子也学到了,下次或许她就会用这种方法处理同样的困境。

我也时常告诉孩子:"不用担心,错误是学习的好机会。"

在我的影响下,她有时候也会用这句话。有次我被豆妈批评的时候,她就站出来说:"我爸爸只是犯了一个小错误,错误是学习的好机会。"

这样一来,我们都哈哈大笑,心里的怒气也消了很多。

犯错是常有的事情,可能每天都在发生,就像吃饭、睡觉一样正常。错误也仅仅是一个错误,不涉及其他,最多就是能力没达到,跟人的品质、性格没关系。

而我们常常会把犯错和孩子的品性联系在一起,孩子犯错了,我们会骂孩子笨、马虎、不专心,等等,给孩子贴上很多负面的标签,导致孩子很自卑。

家长的这些做法,也会让孩子感觉自己就是个错误,是多余的,是不配变好的。

所以，有句话也要让孩子学会："我只是犯了一个错误，我不是一个错误。"

我们常常说："孩子嘛，犯个错很正常，没什么大不了的。"而这句话往往用在宽慰别人的时候，一旦发生在自家孩子身上，那就不一样了。我们的这种宽容大度就隐形了，哪怕孩子打碎了一个碗，就得说上几句："你怎么这么不小心啊，做事总是毛毛糙糙的！"

有些妈妈还习惯性地批评孩子，"刚给你换的衣服又搞脏了，你是想累死我啊""我买这个杯子很贵的，就被你这样打碎了，你说你这孩子真是让人糟心""我刚买回来的口红就被你糟蹋了，你以为妈妈很有钱吗""总是不好好吃饭，看你长得这么矮这么瘦，真是丢人"……

听听这些话，假如是你妈妈说你，你是什么感觉呢？

是不是会觉得自己什么都做不好，很自卑？或者对妈妈很反感、很厌恶，又敢怒不敢言？不管是哪一种，都不能促使你做得更好，只会更糟。哪怕你在一件事上小心翼翼地做好了，其他类似的事情上还是做不好。因为你处于情绪之中，不能把注意力集中到事情之上。

我们见过多少所谓优秀的孩子，其实是在愤恨中学习的。带着对父母的仇视，找机会以示报复。

所以，别揪着错误不放，错误就是孩子进步的好机会。把这句话贴到冰箱上，每天看上几遍，肯定有效。

关注解决办法，而非问题

> 相比将孩子培养得野心勃勃而言，我们更应该培养孩子的勇敢、坚韧和自信的品质，要让他们学到解决问题的办法。
>
> ——阿德勒

什么是关注于解决问题？我先给大家讲一个我家的小故事：

有一次，我们一家三口到餐馆吃饭，豆妈点了一杯饮料，豆宝也吵着喝。那时她才3岁，不敢给她喝太多饮料，于是跟她说让妈妈分一点给她。她答应了，但要求自己分。妈妈不同意，因为她知道孩子做不好。但我说让她试试。可想而知，一个3岁的孩子，拿着两个大杯子倒饮料，结果会怎么样——洒了一桌子，然后搞了一身。妈妈顿时发火了:"跟你说了你倒不好,就是不听,现在好了吧?**刚给你换的新裤子,看你搞成什么样了?**"

对孩子是一顿吼啊,把我也捎带上给骂了。

哈哈,亲爱的小伙伴们,这样的场景你们熟悉不?见过没?

其实挺常见的,不仅我们家是这样,我看到过很多家长都这样。孩子犯了错,先劈头盖脸地批评一顿,指责模式一秒启动。

我想问一下亲爱的家长们,在这样的情景中,我们的关注点在哪?

对,在孩子犯的错误上。当我们把关注点放到错误上的时候,我们就开启了批评、指责、惩罚模式。

然而,这能让孩子学习到什么呢?孩子能从这个错误中有收获吗?

我们不妨把自己当成那个犯错的孩子体会一下,面对家长的批评、惩罚,你有什么样的感受、想法,你的决定会是什么?

我想肯定不是平和的,你可能很害怕,心里会有一个声音:**我怎么这么没用**。你也可能很生气,讨厌妈妈朝你发脾气。

或许,你也学会了妈妈发脾气的样子,用这样的方式对待其他人犯错。

在这样的处理问题当中,我们学到的全是负面的东西,**恰恰没有提高解决问题的能力**。

我想我们都不希望孩子学成这样。

简·尼尔森博士在《正面管教》这本书里说:"当我们专注于**解决问题**时,孩子们就能学到如何与他人相处,并且拥有了面对下一个挑战的工具。"

所以，我们要关注解决问题。

比如，在我家的那个故事中，我先把桌子上的饮料擦干净，以免流到孩子身上更多，然后把孩子抱离那个凳子，安抚孩子紧张的情绪。等她平静下来了，我给孩子示范倒饮料，告诉她怎么拿杯子，有哪些注意事项。然后问孩子："万一倒洒了怎么办呢？"让孩子思考解决办法。

我们都知道，在某一个阶段，孩子是很执拗的，不让干的非得干，还不让你教。这时候，我们就先让孩子承担一下自然后果。然后教孩子解决问题。

错误是学习的好机会，让孩子从错误中学习她想要掌握的技能，这才是正确面对错误的态度。

我们要放弃"让孩子长记性、给她点颜色看看"等惩罚性念头或措施，因为孩子感觉好才能学得好。

那我们怎么做呢？可以借助我们正面管教中的工具。比如启发式提问和头脑风暴等。

运用好奇的问题让孩子自己想办法。正面管教书上说，孩子解决自己的问题时，往往比大人方法多。

确实如此，我在家就常常启发豆宝自己去想办法解决问题。现在她都知道跟我说："我们小孩也很厉害，点子比你们大人还多呢！"

孩子自己想出的办法，往往更愿意去执行。比如新冠肺炎疫情期间，孩子有时候懒床，不愿意起来，有一天，9点多了还在床上躺着呢，我跟她说："你觉得什么方法才能帮助你迅速起床呢？"

她想了想，说："要不你给我做草莓沙拉，这样我就可以迅速起来去吃了。"

果然，第二天她就在草莓沙拉的吸引下做到迅速起床了。

如果我们的孩子年龄还小，不太会想办法，或者孩子已经形成不动脑子的行事习惯，我们要有耐心，花时间训练孩子，可以先让孩子熟悉这个思维方式，然后引导孩子思考。

当孩子熟悉了专注于解决问题，我们就可以跟孩子一起头脑风暴，两个人一起或者一家人一起共同面对挑战。头脑风暴的时候，还是引导孩子多说，让孩子多出主意想办法。

当然，头脑风暴出的办法并不是每一个都可以用，这时候就需要做一个筛选。怎么筛选呢？这里有四个标准：相关的、尊重的、合理的、有帮助的。

我们筛选出的办法符合这个四个标准，才能更利于孩子在错误中学习。

相关的，就是这个办法要跟问题有相关性，没有相关性的建议要放弃。比如解决孩子不能按时关电视的问题，不能采用"不按时关电视就多写50个字"这种方法，写字和看电视是无关的。

尊重的，强调的是双方彼此尊重，所采取的方法彼此都有利，不搞一言堂，但也不全听孩子的；当然，孩子如果说得都合理，我们可以都听孩子的。

合理的，比如当孩子不能按时完成作业，孩子背后的原因可能是怕你让他做多余的题目，这时合理的解决方案是你不能增加额外的作业，而不是让孩子快点写完之后再永无止境地写。

有帮助的，比如早晨起不来，那可以采取早点睡的方案，或者提供孩子喜欢的东西，吸引他注意并引导他起来。这对孩子有帮助，如果准备一根棍子，那是没有任何帮助。

切记，方法一定不要有惩罚性。

核心技能 9

让孩子有思想有主见：
如何培养能力感强的孩子？

———

一个人的性格在 10 岁左右，就会靠自己的
思想、行为而定型，而且会这样使用一辈子。
——阿德勒

近些年，儿童教育培训界有一个很热门的课程——领导力训练。

真是不看不知道，一看吓一跳，竟然有那么多父母想让自己的孩子具有领导力，或者以后成为领导者。

当然，这也无可厚非。

那么，如果一个孩子没有主见没有思想，他能成为领导者吗？一棵墙头草，是不具备领导力的。

而有思想有主见的孩子，即便不当领导，人生也都在自己的掌控当中。

尤其在这个当下社会，不小心就被"割韭菜"了，动不动就交了"智商税"。没思想没主见，就会被各种套路套住。

你被割过多少次"韭菜",交过几次"智商税"

> 如果我们替孩子做得太多,就剥夺了他们通过自己的体验来发展出对自己能力的信念的机会。
>
> ——简·尼尔森

前几天看同事们在群里聊天,说到某个品牌商家推出的一款产品,很多人都觉得好,但有一个同事说:"还是要冷静,我不信,因为你搜一下就知道了,他们家推出的好几个产品都名不符实,效果都不怎么样。"大家一想,是啊,果然是这样。

其实那个品牌还挺有名的,他们的一些产品是有群众基础的,但即便这样,还是有劣质产品诞生。如果我们不加分辨,盲目跟风,那肯定免不了上当。

即便是在生活琐事上，有想法和没想法也完全不一样。就拿团购来说，你觉得有没有上过当？现在团购成了生活日常，随之而来的也是大量垃圾产品的倾销。很多人看到团购便宜，大家都买了，自己也买。有的压根没用，买回来一次都不会用；有的食品，买回来就扔了。然而，我们对团购的热情依然不减。

还有更可笑的，团购二手名牌，以装点门面。日子就是过给别人看的，而自己却成了"提线木偶"。

而最惨的莫过于一些以理财产品为名目的骗人手段，有的人轻信，把家底都投进去了，最后可能是血本无归。

有时候想想，我们简直就是不带脑子生活。

尤其是父母们，只要是说为了孩子好的，统统都要有，都要买。小到学习用品，大到各种培训班。

科学家都说了，"右脑开发"是谎言，但还是有大批的爸爸妈妈把孩子送去培训。

有段时间，一个骗子机构开发了什么量子阅读，声称眼不看字就能阅读，几分钟读完一本书。这一看就是假的，竟然还有很多父母给孩子报了他们的培训班。后来新闻爆出，那些满当当一教室迅速翻动书页的孩子，都成了笑话。

还有大家都知道的那个趴睡训练害死3个月大女婴的新闻，那位见孩子生命迹象微弱了，还在群里发微信咨询要不要继续训练的妈妈，被全国人民骂蠢。可是骂有什么用，结果已经造成。

其实这样信专家、信权威、信别人，就是不信自己孩子的事情，比比皆是，只不过没有出人命那么严重。

比如给孩子选学校，有些家长并不会去考察，只是听别人说好，就让孩子去上。有些家长听说某幼儿园能教给孩子很多知识，于是去了，发现从小班开始就要做作业了。有些家长听说某私立幼儿园好，环境、设施非常棒，于是欢欢喜喜去了，然后发现老师打人，孩子都不敢在学校上厕所。

我们在孩子的教育上可谓尽心尽力，同时也是盲目无度。交了很多"智商税"。

想一想，我们有思想吗？有主见吗？

记得有位老师说："脑子是个好东西，但是你不用就没辙，变成了别人思想的跑马场。"

问大家一个问题：对于2020年的新冠肺炎疫情你有什么看法？

你可以想一下再往下面阅读。

看一下你的回答，哪些是自己真正的想法，而哪些又是别人的观点？

有没有人会脑子短路：啊？什么看法，没什么看法啊，烦死了呗。

你觉得自己有思想吗？

再问大家一个问题：2020年4月份的时候，你囤积米、面了吗？

如果你囤了，当时是怎么想的？如果没有，看到大家都在抢购米面的时候你是什么想法？

你觉得自己有主见吗？

为什么要先问问自己呢，因为我们是孩子的"原件"，我们也是孩子的环境，如果我们自己都没思想没主见的话，也很难教育出有思想有主见的孩子。一旦孩子有了自己的思想和主见，可能会给我们带来危机感、不安全感，我们不自觉地就会去"纠正"孩子，甚至压制孩子。

小到穿衣服，大到选择对象，我们都可能会从中干涉，并且我们还会认为，父母就应该这样，我们要对孩子负责任。

那么问题来了，如果责任都是我们来负了，孩子做什么？孩子光听我们的安排就行了是吗？

其实，中国的很多父母，就是期待孩子只听从自己的安排就好了。上什么样的学校，选什么样的专业，做什么样的工作，找什么样的对象，我们早就预设好了，期待孩子就按这个路线走，准不会错。

到最后我们会发现，出现了很多啃老族，出现了很多抱怨孩子不争气的父母。同时，出现了很多工作很痛苦、沉迷游戏、生活颠三倒四的年轻人。

尤其是近些年，出现了不少表面上看来非常优秀的孩子，却做出一件件出格的事情，伤害自己或伤害别人。

深刻剖析就会发现，这些现象的背后，大都有一个不懂得培养孩子有思想有主见的父母。

所以，我们要先反思一下，我们给孩子"有思想有主见"的环境了吗？

我们怎么做，才能培养出有思想有主见的孩子呢？

还有多少不靠谱的培训班在前面等着我们，我们知道吗？

我们做过很多次"韭菜"了，就不要让孩子再做了。

多对孩子进行启发式提问，把问题抛给孩子

> 当孩子回答你的问题时，他们是在积极参与。当你向孩子说时，他们是在被动地参与。
>
> ——简·尼尔森

在电影《银河补习班》中，邓超扮演的那位爸爸有几句台词，很令人动容：

你是不是年级前十名，爸爸才不在乎呢，爸爸在乎的是你的脑子是否一直在转。只要脑子一直想，一直想，你就可以干这个地球上所有的事情，永远不要停止思考，永远不认输。

为什么思考就能干这个世界上所有的事情？因为方法、能力都是随着思考而来的。只有脑子转起来，你的世界才能转起来。

电影故事的结局大家都知道，孩子从成绩垫底逆袭到全校最有希望的学生，然后成了航天员。

其实，即便不是这么优秀的结果，这个孩子也不会差到哪里去。电影里有一个片段给我留下了极为深刻的印象，因为情节煽情，看得我眼泪都出来了：马飞被洪水困住的时候，爸爸喊话让他想办法，相信他一定能出来。然后马飞迅速想办法，逃出了险境。

这个情节有段画外音，有一句是："如何制作一个木筏，并不是任何一本教科书里的知识，但这的确是一个十几岁孩子能想到的，前提是，他有独立思考的习惯和面对生活的勇气。"

是的，思考很重要，它不但能解决日常生活问题，更能在关键时刻救命。培养孩子独立思考的能力和习惯，是非常重要的事情。

那么，我们该如何培养呢？有一个方法特别好用，那就是多对孩子进行启发式提问，把问题抛给孩子，引导孩子的思考。并且，这样做不但锻炼了孩子，自己也省了很多力气。

什么是启发式提问？我们来举一个例子，比如孩子不喜欢刷牙，我们可以问孩子："我们怎么做才能保持牙齿干净卫生呢？"比如孩子早上出门比较拖拉，我们可以问孩子："你觉得怎么做才能上学不迟到呢？"

这些都是启发式提问，要启发孩子去思考问题，从而想办法解决问题。

很多事情，根本不用你操心，孩子自己就能想出解决办法，并且乐于去执行。还有些问题，你的回答可能就不正确，或者根本不是孩子需要的，不妨让孩子自己思考，让他自己得出结论。

比如，有一次，老师要求穿校服，豆宝想穿裙子。我还在想着怎么说服她穿校服的时候，她自己想好了："我把裙子穿在里面，可以吧？"

哦，好吧。好像学校也没要求里面不能穿裙子，随她去吧。事情就这样解决了。

还有一次，豆宝问我："爸爸，你说小狗会不会打喷嚏啊？"

这问题我还真不知道答案，因为我不太喜欢狗，见了都是离得远远的。我说："我还真不知道，你觉得呢？"

她说："我觉得会，小狗跟人一样聪明，应该也会打喷嚏。"

虽然她的答案逻辑奇特，但那是她自己思考的结果。后来我们查了查，狗狗果然是会打喷嚏的，只不过跟人打喷嚏不太一样。

通常，我就这样甩手不管，让她自己想办法去。当然了，孩子的办法在我们看起来多少有点不靠谱，但只要没什么大影响，就不用去纠正。我们要习惯"偷懒"，习惯甩问题给孩子，让孩子自己开动脑筋。

当我们对孩子进行启发式的提问时，跟强制和催促孩子的感觉完全是不同的，不但我们自己感受不一样，孩子的感受更是不一样。

你不妨来扮演一下孩子，感受一下这样两句话：

1. 你作业写完了吗？赶紧去写！不要总是做到10来点，快点写去。

当你听到这句话的时候，你有什么样的感受和想法，你会怎么做呢？

2. 宝贝，马上8点了哟，我注意到你的作业还没写，你觉得怎么做才能在9点之前把作业写完呢？

当你听到这句话的时候，你有什么样的感受和想法，你又会怎么做呢？

是的，两句话的感受完全是不一样的，孩子的决定也不一样。当孩子启动思考去解决问题的时候，他马上就能想到办法去行动。

更关键的是，能让孩子养成主动思考的习惯。对于一件事，孩子会想：我怎么做才能解决呢？

什么叫有思想，对一件事有自己的看法和解决方法，就是有思想。

再说一下电影《银河补习班》的故事，成为航天员的马飞，在宇宙中遇到飞船故障的时候，万分紧急的情况下，他立即想到了爸爸曾经对他说的那些话，然后想办法排除故障。在另一名航天员准备等死的时候，马飞历经艰险，解决了问题，顺利返航。这就是思考的习惯给他带来的逢凶化吉。

让孩子的脑子转起来，比让他拼命考"清华""北大"更重要！

最后，要提醒一点：你对孩子提问的时候，是真正带着一颗好奇心，想知道孩子会有什么好点子，看看孩子会有什么奇思妙想。不可有操控心，不可去套路孩子。一旦你有操控心，孩子很快就不跟你"说"了。

和孩子一起做，放下家长的权威

> 没有鼓励、理解和尊重的态度，我们学到的方法就会沦为对孩子的不尊重的操纵。
>
> ——简·尼尔森

上一节里我们说到启发式提问的方法，可能有些家长会发现，这个方法对他们家孩子不管用，比如问孩子："你怎么才能迅速地把作业写完啊？"孩子回答："不知道。"

这就很尴尬了是吗？你又想发火了。

那么，什么时候这个方法不管用呢？那就是你不把孩子放在平等位置的时候。当你拿着家长的权威或者以高高在上的姿态问孩子时，孩子是不会听你说的话的。

你的那种命令、控制，孩子是听得出来的。

很多时候我们会觉得，我走过的桥比孩子走过的路还多，吃过的盐比孩子吃过的饭还多，忍不住要去指导孩子，给孩子提建议，告知孩子发生了什么，为什么会这样，你应该怎么做，等等，苦口婆心。

这样孩子就没自己思考的空间和机会，你突然问他怎么做，他只能说"不知道"。

你觉得你比孩子懂得多得多，一切都听你的，孩子只好站到听从命令的角色那里，等着你发号施令，等着你冲锋陷阵。

这种大包大揽多了，孩子也就习惯了，启发式提问当然就没什么效果。除非从今天起，你让权给孩子，慢慢培养孩子思考的习惯。一开始肯定是困难的，但要给孩子适应的时间，慢慢转变。

还有些时候，我们会带着情绪去命令孩子，总想让孩子听自己的，按自己的想法做。其实，孩子很多时候根本不领情。

比如出门见朋友，你想让孩子穿得正式一些，但孩子偏不，他就喜欢那些嘻哈的。你生气、发怒，命令孩子换掉衣服，威胁孩子否则不带他去。

这时候，其实你是在满足自己的需求，你所谓的正式一些，那都是你的理解，孩子根本没法赞同，因为他的感受跟你不一样。衣服是换了，心里其实非常不情愿。

当我们不尊重孩子、想控制孩子的时候，别说启发式提问不管用，很多方法都不管用。

所以，我们要放下家长的权威，做孩子的导师，而不是管理员、监督者。我们和孩子的关系应该是平等的，而不是上下级，不是管理和被管理。

能尊重孩子的地方一定要尊重孩子，你说的真不一定是对的、好的。能少命令就少命令，谁也没义务听从你指挥。能和孩子一起做的事情，尽量和孩子一起做，比如我们可以和孩子一起做家务，一起准备周末出游的东西，一起学习情绪管理，等等。

做家务的时候，邀请孩子安排时间段和给每个人安排任务，并且相互监督；出游的时候，让孩子来做攻略，让孩子检查需要带的物品；一起学习就更重要了，我们不一定比孩子懂得多，尤其是现在的孩子接触的事物多，3岁可能就懂得天文地理，知识范畴超过大人。

让孩子当我们的小老师，是非常不错的一种激励孩子好好学习的方法。懂得示弱，懂得给孩子成就感，比我们焦虑地去掌握大局要强很多倍。

在这个过程中，孩子自然就锻炼到了思考能力，家长的尊重也会激发孩子更加地有思想有主见。

我们的传统文化里，纲常伦理观念影响深远，君君臣臣父父子子那一套，至今仍然存在于很多地方。所以，有时候我们是没有知觉地在管控孩子，并且还以为自己做得很对。

就说"棍棒底下出孝子"这个过时已久的粗暴观念，依然在很多家庭中横行。"孩子不打不行""孩子不听话就得来点武力""三天不打上房揭瓦"，这些理念牢牢禁锢着我们。

有一个朋友曾给我讲她侄子的事情：

男孩已经14岁了，初中二年级，学习成绩很差。为此他爸爸非常头疼，动不动就打他一顿，以解怒气。眼看要升初三了，一点起色都没有。又一次考试成绩出来了，全班倒数第三，爸爸忍不住又把儿子揍了一顿。结果，孩子离家出走了。

一家人吓得半死，所幸最后孩子还是找回来了。我这位朋友非常生气，就把这爸爸教训了一顿："孩子都14岁了，你还打他，你把孩子当什么了？他是你的奴隶吗？还是你的宠物？你以为你是谁啊，天王老子吗？再这样下去孩子都给你整废了。"

孩子一边听着乐啊，感觉姑姑为自己出了一口恶气。后来孩子经常去姑姑家玩，立志要向学霸表哥学习。

放下家长的权威，孩子才能轻松学习，才能去探索属于自己的人生。所以，身为家长的我们，该清醒了。

培养孩子的能力感，让孩子更自信

> 成功会引发推进更多的成功，教育如此，人生其他方面也如此。
>
> ——阿德勒

刚上一年级的豆宝，跳绳还不会连续跳，摔跤第一次接触，竟然报名参加跳绳比赛、摔跤比赛。

我不禁为她捏把汗，心想：你行吗，跳绳和摔跤你都不会吧？当然，这话可不能说。

她能力到了吗？并没有。她有能力感吗？有！她觉得自己可以参加比赛，自己参加比赛没有问题。

这就是能力和能力感的区别。当你有能力感的时候，哪怕你的能力还有所欠缺，但你无所畏惧，敢想敢做。不说结果如何，这个过程已经对你起到了很大的锻炼和推动作用。

这一点，我觉得我都需要向孩子学习。

想起来之前看过的一幅漫画，同样一面哈哈镜，同样普普通通的人，自信爆棚的人看到镜中的自己高大威猛、英俊潇洒；自卑的人看到镜中的自己又矮又锉、相貌丑陋。

其实两类人外在并没有多少差别，而内心的强弱却让他们有着天壤之别。这也是有能力感和没能力感的差别。

什么是能力感，就是"我能做，我能行，我可以"，如果孩子有这样的信念，我们还担心他没有思想和主见吗？

所以，培养孩子的能力感很重要。

那么，问题又来了，怎样培养呢？

我们不妨先回想一下，在自己的成长中，什么时候或者什么人让你感到自己很有能力？那时发生了什么？那个人对你是怎么说怎么做的？

这对你应用到孩子身上，有没启发呢？我们会发现，一般在我们受到肯定、鼓励、支持的时候，我们会感到自己可以、自己能行。所以，我们先要给孩子的就是肯定和鼓励，无条件地支持孩子。

跳绳还是"菜鸟"，就敢报名比赛，这个精神就非常值得鼓励。哪怕我知道豆宝不行，我还是肯定地对她说："你好勇敢啊，比爸爸想象得还厉害！"

尤其是孩子做一些看起来不那么能行的事情时，我们要及时给孩子鼓励。千万不要打击孩子的积极性。哪怕最终结果不理想，也要让孩子去尝试。

有些家长比较不信任孩子，觉得孩子不行的时候，直接就跟孩子说："你肯定不行，还是算了吧，别折腾了。"

咱们想一想，当你想做一件事情的时候，有人跟你这样说，你是什么感受？

有些家长还常常对孩子说："你就吹牛吧，我看你能做好不！"

对孩子满是怀疑，能帮孩子做成他想做的事情吗？

那如果我们仅仅是肯定、鼓励，天天跟孩子说好听的话，能行吗？当然也不行。我们还要教孩子如何做。比如跳绳，要教孩子跳绳的要领、技巧、规则，并且反复训练，这样才能做好。

能力可以为能力感奠定坚实的基础，如果你压根没接触过跳绳，就让你去参加跳绳比赛，这时候即使有能力感，但因能力不足，也会影响结果。所以，基本的能力还是要有，这个是铺垫，是台阶，是进阶的第一步。

生活中，我们要注意培养孩子的各种基础能力，比如独立吃饭、穿衣、上厕所、洗澡、叠衣服、收拾碗筷，等等。当孩子觉得他什么都可以做，都会做，自己能掌控自己的生活，他的能力感也就能成倍增加。

培养孩子的基础能力，最重要的一点就是不代劳、不包办。因为你都替孩子做了，孩子就没法做了。这就像学习驾驶汽车，如果是教练一直驾驶，你是没机会锻炼出驾驶汽车的能力的。

德雷克斯说："不要过度保护孩子，只要时刻准备好帮助孩子积攒勇气，使孩子勇敢面对生活。"

要让孩子相信：我有能力做，我会成为一个独立自强的人。

剥夺机会就是剥夺能力，要多多给孩子机会让孩子多多锻炼，多鼓励孩子去尝试。

在保证孩子安全的情况下，可以让孩子尝试更多的事情，尤其是有挑战的事情。

我最近看了一个短视频：一个小男孩练习在台阶上滑滑板，刚开始一直在摔，甚至摔到疼哭了，但他没停下来；经过多次的尝试、练习，最后顺利地从台阶上滑下来了。胜利的那一刻，孩子非常兴奋。

这样的练习，不但增加了孩子的能力，更能增强孩子的能力感。

记得还有一个视频在朋友圈很流行，每隔一段时间我就能看到它：一个外国小女孩，在爸爸的鼓励下往一个凳子上跳，失败了很多次之后，终于成功了。

你会看到，那么小的孩子，都有那么强的耐力和爆发力。特别值得称赞，并且值得我们大人学习。

另外，我们还要注意，多多挖掘孩子的优点，不要把注意力放在孩子的短板上，不要一直纠正孩子不好的行为。多挖掘优点，孩子会更自信；纠缠短板，只会让孩子会感到挫败而退缩。

当孩子相信自己能做好，他就会有自己的思想和主见。

核心技能 10

培养强大的抗挫能力：
如何培养抗挫能力强的孩子？

———

为了培养孩子积极坚定的精神意志，我们应该给予孩子更多的自信和勇气。

——阿德勒

对于2岁的孩子来说，脱穿衣服就是挑战；对于3岁的孩子，自己洗澡就是挑战；对于5岁的孩子而言，独立完成作业就是挑战；对于7岁的孩子来讲，自己规划生活和写作业的节奏并执行就是挑战；对于15岁的孩子，面对自己的身心不平衡就是挑战。

这些，都是锻炼，真真实实的锻炼。把这些做好，孩子就可以了。

在这些看似小的事情上，一样会遇到失败，一样要处理失败后的情绪，一样要吸取经验总结教训，对心理的成长同样是有效的。

说实在的，外面的风风雨雨太多了，不需要刻意营造挫折的环境，孩子在外面一定会遇到坎坷。在家里，在父母身边，孩子多些温暖更好。如果我们家里跟外面一样，家又有什么意义呢？孩子的港湾在哪里呢？

抗挫能力高的孩子，一般都是内心储存很多温暖的孩子，他们之所以坚强，因为他们有后盾。童年里所得到的温暖，会照亮一生。

我在给家长上课的时候，有一次遇到一位大学老师，她跟我们讲她幸福的童年，像一个小小的火把，一直给予她力量。有一次做成长活动，导师引导他们画一画童年的印象，很多人画的都是暗淡的颜色，而她画的是暖黄色的。

我觉得有一句话说得特别好：父母给孩子的爱，就像食物，孩子吃饱了自然扛饿。肚子空空的，怎么能顶得住繁重的工作呢？心里没有暖，没有光，怎么抵御风雨和黑暗呢？

我们给孩子的爱越多、温暖越多，孩子越能在特殊时刻迸发出能量。

频发的青少年极端事件

> 从"战争"中退出来,是很重要的一个方法,这个方法的关键点,并不是抛弃孩子。家长心里仍然有对孩子的爱、亲情与友善。发生冲突时退出,实际上是帮助维护与孩子的感情。
>
> ——德雷克斯

说起青少年自杀的话题,让人不禁感慨万千,同时深感沉重。因为近年来,尤其是新冠肺炎疫情以来,这种现象更普遍了,案例也增加了很多。似乎每隔几天我们就能看到这样的新闻:

2021年3月29日,广东惠州某中学,一位女生从教学楼5楼跳下,身亡。

2021年4月13日，长春，一位15岁女孩跳楼身亡。

2021年4月16日，西安某小学，12岁女孩小田，跳楼身亡。跳楼前在窗边写了三个字：再见了。

2021年5月9日，成都49中，16岁的男孩小林坠楼身亡，调查结果为自杀。

2021年5月13日，湖北安陆某中学，14岁女孩跳楼自杀。

……

触目惊心！身为父母，常常都不敢打开新闻来看细节，光想想都要一身冷汗。

很多大人发出疑问：现在的孩子是怎么了？！怎么那么脆弱，经不起一点风吹浪打。

甚至十来岁的小毛头，都动不动就离家出走，闹自杀。

孩子们为什么比以前脆弱了呢？原因很多。

比如以前家庭里的孩子多，父母管不过来，都是小的跟着大的成长，有非常多的自由和选择。而现在呢，大部分家庭只有一个孩子，最多两三个，孩子被大人看管着，像包裹在厚厚的被子里，一出来就着凉。孩子被剥夺了体验错误、体验失败的机会，心理脆弱不堪。

现在的社会环境跟之前也不一样了，经济高速发展，造成了大部分人的焦虑。焦虑的家长们，当然会期待孩子更好更强，于是孩子从小开始就接受了非常大的压力。这些压力不是一个孩子能承担的，他们会跟着变得焦虑、暴躁、脆弱、抑郁。

中国科学院心理研究所发布的《中国国民心理健康发展报告（2019-

2020）》显示，2020年青少年抑郁检出率为24.6%，其中重度抑郁为7.4%；从小学到高中，随着年级增长，抑郁检出率呈现上升趋势。

而抑郁，是最容易让孩子走上极端的心理问题。

有一次我去学习，那天老师讲了有关抑郁症的主题。现场学员大部分都是老师、心理咨询师。有很多学员说，他们遇到了不少的抑郁青少年。现场督导的时候，我发现每个老师手上似乎都有不太好处理的抑郁症个案。

还有个咨询师说，她那里有好几个群，里面都是患过抑郁症或者正在被抑郁症折磨的孩子的家长，每个孩子多多少少都出现过自残、自杀的行为。

那天我感到很震惊，之前光看新闻上说这些事情，原来离自己这么近！

听了导师的分析讲解，我也思考了很多。

真的只是孩子太脆弱吗？当然不是，或者说不全是！有很多因素导致了目前的这种社会现象。

然而，不管多少因素，有多少理由和借口，我们希望每个孩子都是健康的。提高孩子的抗挫能力，也是我们每个家长都应该做的事情。

在这样的大环境里，我们如何保护好孩子幼小的心灵，提高孩子的耐挫力，如何让孩子更抗击打呢？在后面的几节里，我将会给大家带来一些意见、建议和相关知识。

无条件的爱？可能只是你的错觉

> 身为父母，我们的责任不仅仅是教育孩子读书、书写和计算，还应该为他们创造健康的心理环境和生活环境。
>
> ——阿德勒

有一次，我在讲到要给孩子无条件的爱时，有位妈妈直接打断我说："我对孩子真的是无条件的爱，要什么都给他，好吃好喝的伺候着，可是他还是学习不好啊，我仅仅希望他能成绩好一点，其他都好说，可就这一点他都做不到。"

我问她："孩子成绩不好的时候你是怎么对他的？"

她回答说："我很生气啊，就没好脸色。"

我问在场的其他爸爸妈妈："大家讨论一下，她给孩子的是不是无条件的爱？"

很多人就不说话了。

这位妈妈的爱，并不是无条件的爱。孩子要用好成绩才能换来妈妈的好脸色。

我们常常会觉得我们给孩子的爱是无条件的，其实这是错觉。有很大一部分孩子，是靠听话、乖、表现好等行为换来父母对自己的爱的。

而孩子的太多行为，是我们不允许的，有些可能就是正常的行为，也不会被允许，比如哭闹、不想写作业、非要买玩具。

你是否见过孩子哭闹不止的时候，父母呵斥他"你给我憋住"的？你有没有见过孩子不写作业被打的？

太常见了！我们不允许孩子有负面情绪，不允许孩子偷懒，不允许孩子不听话，等等。其实这些都是有条件的爱。我们对孩子好，可能是因为孩子做了符合我们要求和标准的事情；如果孩子没做到，立马就会变脸。

什么是无条件的爱？有两个词——如他所是，非我所愿。

孩子是什么样，我们就爱孩子这个样子，不仅仅是孩子的个性特质是什么样，还包括平时孩子正常的行为，有些孩子就是爱哭一些，有些孩子就是慢一些，有些孩子就是爱爬高上低，有些孩子就是鬼点子多。这些都要接纳，因为这就是我们的孩子本真的样子。

如果你动不动就威胁孩子"不要你了""把你扔到大街上去""你去别人家做孩子去吧"，孩子就会时常处于恐惧和焦虑之中，孩子又不能分辨出你是开玩笑还是认真的。当孩子的能量都用来应付父母威胁的时候，他还怎么发展自己呢？他没能力来发展出独立自我、坚强勇敢，他的能量用在抵御生命危机上了，每天都战战兢兢的，他用什么来抗挫呢？

全然接纳孩子，孩子才会感到爱和安全。

如何才能让孩子感受到我们无条件的爱呢？哪怕我们很难完全做到，我们也要让孩子感受到我们是真的爱他，没有任何理由。

1. 放低期待

在孩子还没来到这个世界上的时候，我们会期待肚子里这个宝宝健健康康出生就行了；在孩子还没上学的时候，我们希望他快快乐乐成长就行了；而当孩子上学了，一切都变了。

哪怕是那些之前坚定地要让孩子健康、快乐成长的家长，一旦孩子上了小学一年级，也可能立即被摧垮了。不知名的焦虑、暴躁席卷而来，横看竖看就是觉得孩子没有别人家的好。

为什么？因为我们的期待太高了！我们期待孩子学习好，考上好学校。不但要学习好，最好还能有些才艺，因为别人家的孩子什么都会，我们家的孩子也要会。

一旦孩子落后，孩子可能还没感觉呢，我们自己的感觉就先来了。然后我们把我们担忧、生气、指责一股脑地倾倒给了孩子。甚至我们把我们小时候的创伤都投射到孩子身上去了。我们的初心早忘记了。

于是我们走向了弯路，曲曲折折，迂迂回回。自己和孩子都陷进泥淖中去了。

还记得我们前面说过的吗？我们所期待的20年后的孩子是什么样

的？大部分还是我们让这个生命来到世间时的期待啊，健康、快乐、自信、乐观，等等，只要孩子是一个正正常常、幸福的人就好。

所以，我们很有必要经常审视一下自己对孩子的态度、要求，有利于孩子成为一个幸福的人吗？

网上有个"灵魂拷问"：你生孩子是为了什么？

一个让很多人感动的答案说："为了参与一个生命的成长，不用替我争门面，不用为我传宗接代，更不用帮我养老。我只要这个生命存在，在这个美丽的世界走一遭，让我有机会和她（他）同行一段……"

这就是无条件的爱啊！我们跟孩子同行一段，是缘分，是情分，是人生完整的一部分，是生命的奇迹和风景。这就够了。

2. 发现孩子的优点，写赞美日记

不知道你们发现没，我们特别善于发现孩子的缺点。只要彼此聊起来，都是孩子不足的地方。逮着老师就问，孩子这个怎么办那个怎么改。

我在上家长课的时候，经常会做一个互动：请你说出孩子的三个优点。很多爸爸妈妈要考虑半天才能说出来；有的想半天都说不出来；而有的直接说，好像没什么优点啊，天天让我头大。

如果我们都是这样看待孩子的，我们怎么可能会给孩子无条件的爱呢？连优点都找不到，你怎么去爱他？

所以，我们要去发现孩子的优点，发掘孩子优势的部分，让孩子在我们眼中是个闪闪发光的孩子，是个身上带光环的孩子，看着就让人心情好。

不是孩子没优点，是我们盯着缺点看太久了。哪怕是缺点，我们换

个角度看也能找到优点。比如有些慢吞吞的孩子，我们会发现他很稳重；比如有些特别调皮捣蛋的孩子，我们会发现他很聪明；比如有些孩子稀里糊涂，但他很开朗乐观；比如孩子的作业写错了很多，但态度非常认真；比如孩子成绩不怎么样，但人缘非常好，等等。只要我们愿意去发现，愿意看到孩子好的一面，会有很多惊喜等着我们。

你可能不知道，你的孩子，说不定也是令人羡慕的"别人家的孩子"。我们不用去跟别人比较，我们生养的孩子，就是最好的，是这个世界上我们唯一的血脉传承，我们只要好好爱他就行了。

不妨给孩子准备一个本子，每天写上一段孩子今天做得不错的事情，哪怕写一句也行。天长日久，你会发现，孩子越来越朝着你期待的方向走了，越来越好了。因为，赞美、肯定也是一种暗示，积极的暗示，走向幸福的暗示。

3. 允许孩子犯错，让孩子像孩子那样长大

每个人的成长，都要经历很多坎坷、曲折，都不是一帆风顺的。孩子犯错，太正常了。就像开车遇红灯一样正常，一路绿灯才奇怪呢。所以，不要动不动就吼就叫，错了没关系，孩子有的是机会去改正。

前面我们说了，错误是学习的好机会。当我们把错误看作机会而不是破坏的时候，孩子的行为也没那么讨厌了，你也不会那么反感了。这里我们就不多说了。

孩子不是大人，自然会比大人犯错多，如果你想让孩子消灭错误，几乎等于想消灭孩子。只有在犯错中，孩子才能更健康、更坚强、更抗摔打。让孩子像孩子那样长大，这是我们为人父母最基本的准则。

自由跟规则必须同时出现

> 自由必然与规则相伴，没有规则，就不会有自由。
>
> ——德雷克斯

上一节我们说到无条件的爱，有些不明就里的父母会问："那难道就不管孩子了吗？任由孩子无法无天，那不就废了吗？"

当然不是。如果什么都不管，孩子肯定废了。

我们经常会在新闻上看到"熊孩子"的奇葩故事，比如在餐厅被烫到了，在火车上被别人打了，在商场里随地大小便被罚款，把别人家的车划了被要求赔偿，等等。

很多人在看到这些新闻的时候，会说"活该！"，不但骂孩子熊，连家长也骂着。

为什么会这样？因为我们对违反规则、随意侵犯他人的行为很讨厌、很排斥。哪怕是一个孩子，不遵守规则都让人反感。

培养孩子的规则感，是很重要的一件事，它不但关乎于社会道德，更关乎于人身安全。如果我们目无规则，可能连命都没了。

我记得前几年有两个新闻，两件事好像还集中发生在一两周内：一件是，某人从围墙上翻到了动物园里，结果被老虎咬死了；另一件是，有个男士不听劝阻强行穿越铁轨，结果被火车撞死了。

这都是不遵守规则的结果。而有些儿童事故，也是孩子没有遵守规则造成的。

我们现在提倡爱与自由的教育，要给孩子自由的权利，但有些父母在这一点上走偏了。只看到了自由，以为什么事情都要依着孩子，孩子想怎么样就怎么样，这就是爱。岂不知，走偏就是害。

自由是有条件的自由，有限度的自由，不是无法无天。国有国法，家有家规，走到哪里，都不是你想怎样就怎样的。如果我们不培养孩子的规则感，孩子很难立足于社会。

无条件的爱，不是大撒手什么都不管。

当我们接纳孩子的时候，给孩子自由的时候，同时是要伴随着规则的。自由和规则，这是一体的，就像一个硬币的正反面，缺一不可。自由跟规则必须同时出现。

简单来说，你想在晚上吃一颗糖，那你就要好好刷牙；你想先玩会儿，晚一点写作业，那就要说到做到，否则没有下一次；你想和小伙伴们愉快地玩耍，那你就不能抢别人的东西。

这样的自由才能给孩子一个安全的环境，才能促进孩子的成长。不管是生活还是学习，哪怕仅仅是玩耍，有规则的自由都能玩得更愉快。

而越有规则，孩子会越觉得安全。规则就是一条线，一面墙。给孩子一个空间，在这个空间里，可以自由活动。没有线和墙，那就像一个黑洞，一个荒崖，让我们觉得恐惧。

所以，规则对孩子的安全感建立也有很重要的影响。

孩子是笃定的、安定的，风雨来了他才能不慌不忙；如果孩子是紧张的、焦虑的，风雨一来他就慌了。

樊登老师曾讲过他儿子的一个故事：

嘟嘟去参加跆拳道考试，第一次没考过，他就跟老师说，能再给我一次机会吗？就一次。老师考虑了半天，给了他一次机会，然后他就顺利过关了。

在这个过程中，他表现得很镇定，虽然眼泪都在眼里打转了，但他很镇定地向老师争取了机会。

考试出来，樊登老师问他："如果老师没给你这个机会怎么办？"

嘟嘟回答："那就下次再考呗。"

我们人生中会遇到各种大大小小的考试，有没有镇定的能力去面对，失败了能不能接受然后再重来，这就取决于内心的安全感和安定感。

我可以自由地选择，但我也可以遵守既定的规则，我可以应对任何的变化。这就是能力，更是内心强大的表现。

如何培养孩子的规则意识呢？有几个原则：

1. 符合年龄特点，从简单的开始

给孩子制定规则，要符合孩子的年龄特点，这样孩子才能更好地做到；如果超出孩子的年龄和能力范围，孩子就没法遵守。比如让幼儿园的孩子每天回来先背诵半小时的课文，这就不合适，不符合孩子的年龄特征。

规则刚开始要简单，才更容易执行，比如让孩子每天晚上刷牙，开始的时候先不要要求时间，等孩子对每天晚上刷牙有意识去做了，再增加时间要求。

2. 共同制定，头脑风暴，尊重孩子

我们常常会发现，我们给孩子制定了很多完美的计划，但根本无法实施。我们给孩子做了家规，想让孩子更自律、更优秀，发现根本没用。因为我们常常站在自己的角度给孩子做规划，根本没考虑孩子的感受和需求。

制定规则也是这样，如果你单方面制定，孩子往往不愿意遵守。比如你要求孩子不能吃那么多冰淇淋，如果按你的想法，一个夏天给孩子吃三五次就够了，而孩子自己的想法呢，三五十次都不够。这就需要一起协商一下，是一周吃一次，还是一周吃两次，还是两周吃一次，达成一致，孩子更乐意去遵守。

可能有些家长会有异议：你说共同制定，那国家制定法律，会跟我们一起制定吗？

当然不会跟每个人都共同商议，但法律条文，一开始也是要有民调

的，不是哪个人或者哪个部门说了算，也需要征求大众的意见。

任何的规章制度，都是满足了大部分人的需求才能被更好地遵守。

3. 跟踪执行，身教大于言传

规则制定好了，但能不能做到遵守，就不好说了，我们需要跟踪执行，不断来调整。尤其是和孩子一起遵守，如果你不想让孩子看那么多电视，我们自己就不要看那么多；如果不想让孩子长时间玩手机，我们自己就不要抱着手机不放。否则，大人都没做到的事，你要求孩子做到，孩子心中家长的权威形象也会消失殆尽了，他即使听命于你，也不会服气。

不转嫁焦虑和压力

> 给孩子提供一个能让他们构筑自己的美好人生的好基础,是我们的职责。
>
> ——简·尼尔森

网上曾有一段视频,招来了很多批评。视频里显示:

2岁女童在平衡车大赛中表现不佳,被妈妈拍打训斥。母亲用力拍着小女孩的头,一边拍一边骂:"你还有脸哭?全程在那遛弯,最后一个弯道还让人给超了,你想什么呢?你想什么呢?"小女孩可怜巴巴地回答:"下次我好好跑……"

说实在的,看完这个短视频,一边心疼孩子,一边对这位妈妈的行为很气愤。很多网友也觉得这位妈妈太过分,孩子才2岁而已,有必要这样吗？就是个游戏而已。有网友表达自己的愤怒："这孩子你还是别养了，聪明的孩子都被你养笨了。"

确实如此，如果我们内心有太多的焦虑和压力，难免会转嫁到孩子身上去，聪明孩子也会被养笨。这么小就被妈妈拉上人生赛道，孩子能担负得起吗？一点都不符合孩子的年龄特点和成长规律。

当孩子背负着父母的焦虑和压力时，根本不可能比别人走得快，更别提走得远了。

当下的社会，确实给我们带来了很多的压力，但是，也请不要把这种压力转移给孩子。因为当你把压力转移给孩子的时候，不但你自己活得不如意，孩子的人生可能也将因此而不幸福。

大人尚且扛不住，孩子怎么来扛？

而最为关键的是，这种压力转移通常是在不知不觉间进行的，我们可能都毫无察觉。甚至以爱的名义来转移，让孩子苦不堪言。

比如我们担心孩子不好好吃饭会长不好，每顿饭都盯着孩子吃，并且一定要保证孩子吃好。孩子有一次吃不好，我们就好像遇到了大事。

比如我们会监督孩子写作业，哪怕自己还有一大堆事没做也要先监督孩子把作业写完，只有孩子把作业写完，我们心中的石头才能放下。

比如我们很在乎孩子的考试成绩，孩子考试的时候，我们比孩子还紧张。成绩发放的时候，我们内心七上八下。孩子考得好，我们高兴得要飞起来；孩子考得差，我们马上对孩子"狂风暴雨"。

比如我们喜欢拿自家孩子跟别人家的孩子比较，哪怕一个文具盒，都不能比别人的差……

这样的事情真是不胜枚举。其实，这都是我们的焦虑在起作用。我们的各种怕，都是内心的压力表现。我们有些事情没做好，有些事情没做到，有些事情做不到，但我们希望孩子不要重蹈我们的覆辙。

我们做不好的事情，孩子千万别做不好；我们做不到的事情，孩子一定要做到。要给我们争气，要让我们少操心，要让我们脸上有光彩。

这些内心戏，让我们忍不住想去控制孩子，让孩子跟我们保持一致。有时候还进行情感捆绑和勒索。

我们为什么会这样？因为我们焦虑，我们怕孩子比我们的人生更失败，我们希望孩子成功比自己成功幸福一万倍。这个世界太残酷了，我们不希望孩子输在起跑线，更不希望孩子输在终点线。

而且这个世界太不可预测了。这次新冠肺炎疫情说来就来了，毫无征兆，全世界都因此暂停。局势动荡，经济下滑，原本风风光光的企业说倒闭就倒闭了。失业率节节攀升，就连离婚率都暴涨。

你说，我们能不紧张吗？

没错，挺紧张的。所以我们每天盯着孩子做这做那，给孩子报一大堆课外班，恨不得把孩子武装成百战百胜的样子。

可是我们有没有发现，我们花了钱，可孩子并没有因此好起来？

中国教育科学研究院调查显示：对绝大部分的孩子而言，补习是无效的。

当我们想着把孩子的时间排满的时候，孩子可能已经对学习失去兴趣了；当我们还紧张兮兮地想着孩子光辉的未来的时候，孩子可能已经"生无可恋"了。

我们的武装，看起来更像表演。这些外表的风光，根本经不起真正的考验。

研究还发现，那些自杀的孩子，大部分背后都有一个紧张、焦虑的家庭，让孩子喘不过气来。孩子体会不到爱、温暖、快乐，家里不是战场就是冰窟，活着还有什么意思呢？

而还有极个别的父母，把孩子生生累死了。八九岁的孩子过劳死，他们做错了什么？

所以，弃演吧。演也没用，别抱着焦虑不放了。看一看眼前的这个孩子，当你真正地看到他了，给了孩子足够的爱，让孩子有足足的价值感和归属感，孩子差不到哪里去。

抗压、抗击打的孩子，背后都有父母的爱支撑；脆弱、玻璃心的孩子，背后都有父母的怕祸害。

这个世界上，80%的人都是普通人，过着俗世的烟火人生。而焦虑，会过得更差；淡定，才能过得更好。

你有清风自来的气度，孩子才有诗与远方的未来。

不用刻意锻炼

> 当大人记住了要确保把爱的信息传递给孩子时,他们就不但能够取得积极的效果,而且还会体验到更多的快乐。
>
> ——简·尼尔森

2020年冬天的一个周末,我带孩子去上舞蹈课的时候,看到一位妈妈让儿子在冷风嗖嗖的走廊里写作业。孩子耳朵和脸蛋都冻红了,还不停地流鼻涕。我跟她说:"你找个暖和的地方让孩子写作业,这么冷的天。"

这位妈妈回答:"没事,男孩子就是要锻炼锻炼,现在的孩子太脆弱了,不能惯着。"

我没说什么,只是好心疼这孩子。旁边就是暖和的地方,但不能进去。不知道孩子心里怎么想。

像这样的锻炼，有什么意义呢？除了让孩子受一点皮肉之苦，孩子能从中学到什么？假如你是这个孩子，心里会有什么感受呢？有没有想反抗？是不是不服？凭什么你们都可以在暖和的地方，我要待在冷风里？对妈妈有没有愤怒？

孩子是不会从中学到头悬梁、锥刺股、囊萤映雪的精神的，因为社会大环境早不一样了。现在的孩子，不是古代人，也不是我们小时候，他们生活的环境跟我们不一样，心态也不一样。我们小时候体会的艰苦条件是真的，你现在给孩子制造的艰苦是假的。

没有人可以在假生活里得到真精神，最多就是个体验。然后生一场病，过后一切照旧。

近些年来，那种独立夏令营、冬令营、童子军等活动比较受一些父母青睐，我们觉得把孩子送进去锻炼锻炼非常好。孩子天天在家好吃好喝照顾着，还不好好学习，得让他吃点苦头。还有些家长天真地以为孩子出去一趟就能增加独立性了。结果如何呢？相信大家看新闻也能知道，真相很扎心。兴许你的孩子就是别人赚钱的一个棋子。

我们不能否定这些活动对有些孩子来说可能会起到锻炼作用，也不能否认有些机构做得真的很好。然而，对于有些孩子，并没有作用。孩子在外面受几天训，也不会对我们充满感激。更多的是孩子新鲜兴奋了几天，过后照旧。此外，需要我们警惕，这些营地教育中，发生了一些让个别家长后悔终生的事情。尤其是女孩子，受到伤害的可能性还更大一些。

还有那些尚在幼儿园的孩子，就被要求一周内不能跟父母见面的，负面影响可能波及一生。你不知道孩子在这些日子里，是怎么熬过老师的严格和漫长的黑夜，你不知道他有多思念爸爸妈妈。所有黑暗中的感受，都会存留在孩子的身体里，你看不见，它却可能是一枚定时炸弹。

那么，营地教育就不能参加了吗？当然不是。除了考察主办方是否正规之外，我们更要关注孩子的状态和意愿。你和孩子的关系，足够支持孩子一个人在外也能感到安全吗？是你想锻炼孩子，还是孩子想自我锻炼？孩子的自我照顾能力可以应付一个人的时间吗？等等，都要做一些考察。

我们总是想故意找点挫折、苦难让孩子尝一尝，刻意去锻炼孩子，以为这样孩子抗挫能力就会提高。其实恰恰相反，刻意锻炼只会带来糟糕的感受和厌恶，以及跟父母的对抗。

送到戒网瘾学校的孩子网瘾都戒了吗？出来感激父母的好心了吗？

《变形计》里的孩子们都变形了吗？那些城市的孩子们去农村生活几天就懂事了吗？

还有成了茶余饭后谈资的"富豪隐瞒家庭财富，骗儿子别墅是租来的"这种故事，结果怎么样？

事实证明，是我们想多了。

所以，刻意给孩子制造苦难、故意让孩子吃苦头，并不可取。想让孩子独立、内心强大，生活中就能锻炼，不用刻意营造什么苦难环境。